ÉTUDE

SUR LES

SOCIÉTÉS DE SECOURS MUTUELS

D'ANGLETERRE

PAR

M. Charles de FRANQUEVILLE,

Auditeur au conseil d'État,

SECRÉTAIRE-ADJOINT DE LA COMMISSION SUPÉRIEURE DES SOCIÉTÉS
DE SECOURS MUTUELS.

PARIS,

LIBRAIRIE ADMINISTRATIVE DE PAUL DUPONT,

Rue de Grenelle-Saint-Honoré, n° 45.

1863

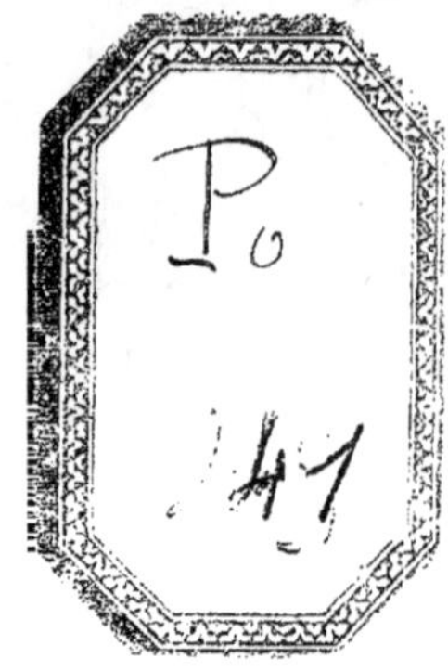
Po
41

ETUDE

SUR LES

SOCIÉTÉS DE SECOURS MUTUELS

D'ANGLETERRE

PAR

M. Charles de FRANQUEVILLE,

Auditeur au conseil d'Etat,

SECRÉTAIRE-ADJOINT DE LA COMMISSION SUPÉRIEURE DES SOCIÉTÉS
DE SECOURS MUTUELS.

PARIS,

LIBRAIRIE ADMINISTRATIVE DE PAUL DUPONT,

Rue de Grenelle-Saint-Honoré, n° 45.

___

1863

ÉTUDE

SUR LES

SOCIÉTÉS DE SECOURS MUTUELS

D'ANGLETERRE.

Londres, 1er octobre 1862.

L'importance particulière que le Gouvernement français attache, à juste titre, au développement de la mutualité, le soin incessant avec lequel il se préoccupe de propager ces utiles institutions, nécessitent la connaissance de la situation présente et de l'organisation des sociétés de secours mutuels, qui existent à l'étranger. Le nombre considérable des associations anglaises semble donner un intérêt spécial à leur examen, et bien que ce travail présentât de sérieuses difficultés, par suite de l'absence presque complète de documents officiels, il nous a paru utile de l'entreprendre.

L'étude que nous venons d'achever est le fruit de longues et consciencieuses recherches ; il a fallu, d'abord, en réunir à grand'peine les nombreux éléments, puis, résumer autant que possible, les renseignements recueillis, et la moindre difficulté de notre tâche n'a pas été le désir que nous avions d'être bref sans être incomplet.

La première partie de notre travail est consacrée à une introduction historique ; dans la seconde, se trouvent résumés les actes qui constituent la législation actuelle.

L'exposé de l'organisation des sociétés forme la troisième partie. Nous avons dû nous borner à analyser les statuts adoptés par les sociétés qui sont arrivées au plus haut degré de prospérité, sans aborder le détail des innombrables variétés qui se trouvent contenues dans les règlements des diverses associations.

Enfin, la quatrième partie est consacrée à l'examen de la situation actuelle de la mutualité, dans le Royaume-Uni. On y pourra, sans doute, remarquer quelques lacunes, mais nous avons préféré omettre certains faits, dont l'authenticité ne nous paraissait point suffisamment démontrée, afin de conserver au moins le mérite de l'exactitude.

Nous osons espérer que ce travail, malgré ses nombreuses imperfections, pourra ne pas être inutile aux hommes dévoués au bien public, qu'intéressent les développements de la mutualité.

I.

Introduction historique.

Il n'est peut-être pas de nation qui ait conservé aussi religieuse-
ment que l'Angleterre ses anciennes institutions.

Bien loin que, dans ce pays, l'esprit public soit avide de changements, on y voit pousser jusqu'au culte le respect des traditions.
Amis du progrès en toute chose, hardis jusqu'à la témérité en toute
entreprise, les Anglais ne reculent que devant le prestige d'un an-
tique privilége ou d'une coutume immémoriale.

C'est ce qui explique avec quel soin jaloux ils recherchent les origines de leurs institutions, avec quel orgueil ils en racontent l'histoire;
c'est enfin ce même sentiment qui les portant, presque à leur insu, à
mesurer l'importance ou l'utilité d'une chose d'après sa durée, les
pousse aussi à inventer souvent des origines fabuleuses et des an-
técédents imaginaires.

Les immenses associations de secours mutuels dont quelques-unes
comptent près de 300,000 membres, sont une des preuves les plus
frappantes des dispositions que nous venons de signaler. Non con-
tentes de s'enorgueillir à bon droit de leur merveilleuse prospérité,
elles cherchent encore à augmenter leur importance en établissant
leur origine d'une façon qui montre jusqu'où peut aller la naïve cré-
dulité des classes populaires de l'autre côté du détroit.

Les deux plus grandes associations d'Angleterre : l'union des *odd-
fellows* de Manchester et l'ordre des forestiers établissent leur gé-
néalogie depuis la naissance d'Adam. Elles suivent leurs ancêtres
dans tous les pays et à travers tous les âges ; les forestiers comptent
au nombre de leurs membres le roi Jamie, Alfred le Grand et ses
successeurs ; quant aux *odd-fellows* ils ont reçu de Néron, en l'an 55
de Jésus-Christ, le titre de *fellow-citizens*, et c'est Titus César qui
leur a donné, en l'an 79, leur titre actuel de *odd-fellows*.

Il est malheureusement prouvé que l'ordre des forestiers a été fondé
seulement en 1745, à Knaresborough-Castle, sous le nom de forestiers
royaux, titre qui a été changé en 1831 en celui d'ancien ordre des

forestiers, et l'association des *odd-fellows* ne remonte pas au delà de 1812.

Quoi qu'il en soit de ces prétentions puériles, il paraît néanmoins certain que les sociétés de secours mutuels ont existé dans l'antiquité. A toute époque l'homme a eu conscience de sa faiblesse dans l'isolement, et comprenant l'utilité de l'association, il en a recherché les bienfaits.

Il est difficile de remonter aux origines des associations mutuelles, et presque aucun document sur ce sujet n'est parvenu jusqu'à nous ; le plus ancien, le seul presque qui ait été conservé, est un passage des œuvres de l'écrivain grec Théophraste, qui vivait 300 ans avant Jésus-Christ. Nous y trouvons l'indication d'une société ayant une caisse commune, dans laquelle étaient déposées les cotisations payées mensuellement par chaque membre, et dont les fonds étaient employés à secourir les sociétaires qui, d'une façon quelconque, se trouvaient atteints par l'adversité.

Plusieurs passages des écrivains latins parlent d'associations formées entre les soldats des légions romaines ; mais aucune autre espèce de sociétés n'y est mentionnée. C'est dans les inscriptions que nous rencontrons des renseignements plus précis.

M. Kenrick a trouvé récemment, dans un monument découvert à Lanuvium, ville située sur la voie Appienne, à 19 milles de Rome, une pierre contenant les statuts d'une société fondée sous Adrien.

L'esprit ombrageux des empereurs voyait d'un mauvais œil toute association formée entre les citoyens ; la société avait donc pour but apparent le soin d'honorer Diane ou Antinoüs, et ses règles avaient été sculptées sur une tablette de marbre déposée dans le temple où elle a été retrouvée.

Chaque membre devait payer, au moment de son admission, une somme de 100 sesterces (19 francs environ) et remettre une amphore de bon vin ; la cotisation mensuelle était de 5 as (29 centimes). Les membres se réunissaient chaque mois en assemblée. Aucune poursuite n'était excercée contre les sociétaires qui négligeaient de payer leur cotisation ; mais on les excluait après un certain délai, qu'une brisure du marbre sur lequel est gravée l'inscription ne permet pas de connaître.

A la mort des membres qui avaient payé régulièrement leur cotisation, la société remettait à la famille une somme de 300 sesterces
(57 francs) pour subvenir aux frais des funérailles ; 50 sesterces
(9 fr. 50 c.) étaient consacrés à brûler le corps. Dans le cas où la
mort avait eu lieu à une distance de plus de 20 milles, trois délégués,
qui recevaient 20 sesterces pour leur voyage, étaient envoyés pour assister aux funérailles et en rendre compte à la société. Si la société
n'avait pas été prévenue du décès, la somme promise était payée sur
le vu d'un certificat signé par sept citoyens romains. Toute fraude
était punie de fortes amendes.

Lorsque le défunt était esclave, et que le maître refusait de rendre
son corps, la société célébrait ses funérailles en portant son buste
en procession. Enfin la société ne payait aucune somme pour les funérailles des suicidés.

Comment, de l'Italie, les associations mutuelles passèrent-elles
en Grande-Bretagne. C'est ce qu'aucun document ne permet de
préciser.

La première forme sous laquelle elles apparaissent dans ce pays
est celle des Guildes. Sharon-Turner, dans son histoire des Anglo-
Saxons, parle de Guildes affectant toutes les formes de sociétés de
secours mutuels, formées pour aider leurs membres à payer les
exactions, impôts légaux, amendes et autres charges, et pour per-
mettre aux familles de subvenir aux frais funéraires.]

Dans un autre document cité par Hicks, se trouve l'indication de
sociétés établies avec la sanction de l'évêque, conformément aux
canons de la cité, et présentant quelque analogie avec les sociétés
actuelles. Toutefois aucun secours n'était accordé aux membres pour
le cas de maladie. La cotisation de 10 centimes par mois était payée
par chaque feu ou famille, qui devait verser la même somme à la
mort de chacun des sociétaires.

L'indication d'un autre genre de société nous offre un curieux
trait de mœurs. A Cambridge, raconte M. Hardwick, une association
de gentilshommes s'était formée dans le but d'exiger une réparation
lorsque l'un de ses membres venait à être tué.

Cette réparation consistait en une somme de 8 livres (200 francs)
qui devait être payée par le meurtrier ; si ce dernier refusait le payement, la société le poursuivait. Dans le cas, au contraire, où un

sociétaire avait tué quelque personne, chaque membre payait pour former la somme qui devait servir de réparation : 6 fr. 25 c. au cas où la fortune du mort excédait 1,500 francs, et 12 fr. 50 c. s'il s'agissait d'un pauvre. Le meurtre d'un habitant du pays de Galles ne donnait lieu qu'à une taxe de 1 fr. 25 c. Enfin, tous les membres devaient, sous peine d'amende, assister aux funérailles de leurs confrères, et leur prêter assistance en cas de danger.

Nous citerons encore la Guilde de Sainte-Catherine, à Coventry, fondée sous Edouard III. Les membres de cette société pouvaient emprunter sans intérêts une somme d'argent en cas d'incendie, d'inondation, de vol ou de tout autre accident. Des secours étaient accordés aux malades ou infirmes, une indemnité était allouée pour les frais de sépulture. Les félons, meurtriers, sorciers et hérétiques étaient exclus. La société célébrait chaque année sa fête. Enfin, un article des statuts défendait sévèrement au chapelain de fréquenter les tavernes.

Blomefield parle également d'autres sociétés qui donnaient des fêtes, bals et repas de bienfaisance.

On ne saurait toutefois se dissimuler que ces associations, peu nombreuses d'ailleurs, ne pouvaient atteindre le but des sociétés de secours mutuels telles qu'on les comprend aujourd'hui.

C'est, qu'en effet, les institutions du pays, à cette époque, ne permettaient guère à la classe laborieuse de s'unir pour former ces sociétés.

Les deux tiers des habitants de l'Angleterre étaient de véritables esclaves, et l'acte sur les vagabonds, rendu sous la première année du règne d'Edouard VI, n'était pas fait pour améliorer la situation des classes pauvres.

Tout homme refusant de travailler à un prix fixé par le parlement est arrêté, marqué de la lettre V (vagabond) et déclaré esclave pour deux ans de celui qui veut l'employer ; s'il résiste ou cherche à s'échapper, on le marque de la lettre S (*Slave* esclave) et il est esclave pour la vie. L'esclave qui s'enfuit est condamné à mort.

Il est vrai que peu d'années après, sous le règne d'Elisabeth, commença l'émancipation des serfs ; mais il s'écoula encore de longues années avant que cette mesure produisît tout son effet.

C'est seulement à la fin du XVIIe siècle que se place l'origine des sociétés de secours mutuels, qui existent actuellement en si grand nombre sous le nom général de *friendly societies.*

L'honneur d'avoir fondé en Angleterre les premières associations de ce genre appartient aux Français. Chassés de leur pays par la révocation de l'édit de Nantes en 1685, cinquante mille protestants, originaires pour la plupart de la Picardie, de la Normandie, des pays Wallons et de l'Ile-de-France, avaient cherché un refuge de l'autre côté du détroit.

Bien que le roi Jacques II, zélé partisan des catholiques, se montrât peu empressé à les secourir, la noblesse prit l'initiative de souscriptions publiques qui produisirent une somme de 63,713 liv. sterl. 2 sh. 6 d. (1,592,828 francs) destinée, dans l'intention des donateurs, à subvenir aux besoins de 15,000 protestants français. En outre, 13,500 d'entre eux qui avaient fixé leur résidence à Londres reçurent de grands terrains dans le quartier qui porte aujourd'hui le nom de Spitalfields.

En juin 1709, une nouvelle bande de 12,000 Français, chassés du Palatinat, gagna l'Angleterre et s'établit aux environs de la capitale. Le roi vint généreusement à leur secours et la noblesse ouvrit, à leur profit, une nouvelle souscription ; une somme de 22,024 livres sterling (550,700 francs) fut bientôt réunie, et permit de faire passer 3,000 d'entre eux en Irlande, 600 dans la Caroline du Nord et du Sud, et 3,500 à New-York.

Isolés dans un pays étranger, dont ils comprenaient à peine la langue, misérables, malgré les secours généreux qu'ils avaient reçus, les Français rapprochés par les doubles liens du malheur partagé, et de là commune patrie formèrent entre eux des sociétés de secours mutuels.

Plusieurs de ces associations existent encore, mais la langue maternelle est aujourd'hui oubliée ; à peine dans chacune d'elles, un des membres comprend-il quelques mots de français.

Toutefois le souvenir de la mère patrie n'est pas encore effacé, et les textes de plusieurs règlements indiquent clairement l'origine de ces associations.

La plus ancienne parmi les sociétés qui ont survécu jusqu'à ce jour est la société normande fondée à Bethnal-Green, en 1703 ; puis viennent la société des réfugiés protestants de haute et basse

Normandie, qui date de 1764, et enfin celle des Picards et Wallons établie en 1767.

Les statuts de l'une de ces sociétés sont précédés du préambule suivant :

« Sous le règne de Louis XIV, roi de France, les protestants de ce « pays ont été cruellement persécutés et beaucoup d'entre eux ont été « obligés de se réfugier en Angleterre, notamment à la fameuse épo- « que de la révocation de l'édit de Nantes, époque où l'on détruisit « toutes les églises protestantes, et, en particulier, le temple de Cha- « renton près Paris ; deux ans après cet événement, un certain nom- « bre de Parisiens, anciens paroissiens du temple, s'étant réfugiés « à Londres, ont conçu le louable projet de former une société dans « le but d'établir un fonds de secours mutuels, et se sont réunis sous « le nom de société des Parisiens. Toutefois avec le temps, le nombre « des réfugiés s'étant trouvé insuffisant pour soutenir la société, il « est devenu nécessaire d'admettre les protestants de toutes les na- « tions dans cette association, qui a pris le titre de *Société de secours* « *mutuels.* »

Vers l'époque où se fondaient les premières sociétés, un auteur anglais, dont le nom est demeuré populaire, l'auteur de l'immortel *Robinson Crusoë*, Daniel de Foë, publiait un ouvrage intitulé : *Essais sur certains projets*, dans lequel il encourageait vivement la création de sociétés « formées par assurance mutuelle, pour secou- « rir les membres dans les moments difficiles, et au moyen desquelles « un individu, si misérable et si pauvre qu'il soit, puisse réclamer « des secours, non comme une charité, mais comme quelque chose « qui lui est dû. »

Toutefois, l'exemple donné par les réfugiés français ne rencontra pas d'abord beaucoup d'imitateurs. Nous trouvons, sans doute, dans le courant du xviiie siècle un certain nombre de sociétés, nous voyons même se former, en 1719, celle des cordonniers de *Newcastle upon Tyne*, et plus tard, en 1745, l'ordre des forestiers ; mais la mutualité est arrêtée par la situation déplorable dans laquelle se trouvent les classes inférieures : c'est en vain que Charles II avait abrogé les lois féodales ; l'émancipation véritable ne commence qu'avec le xixe siècle.

En effet, non-seulement jusqu'à la fin du xviiie siècle, les travailleurs ne peuvent vendre leurs produits à l'endroit choisi par eux, mais encore ils sont forcés de servir tout propriétaire de leur paroisse, qui l'exige et qui leur donne un prix fixé par le parlement.

A Londres, un acte du parlement force les ouvriers tailleurs à travailler depuis 7 heures du matin jusqu'à 6 heures du soir, en ne leur laissant qu'une heure de repos. Les maîtres ne peuvent les payer plus de 3 fr. 10 c. par jour, excepté aux époques de deuil public, où ils peuvent, pendant un mois, leur accorder 6 fr. 40 c. Tout maître qui donne, tout ouvrier qui reçoit un salaire supérieur est puni de deux mois de prison, avec travail forcé ; enfin, tout patron qui emploie un ouvrier résidant à plus de 8 kilomètres de Londres, est passible d'une amende de 12,500 francs. En 1720, le parlement vote un acte relatif aux tailleurs, en même temps qu'un nouvel acte motivé par la gêne des fabricants de soies et de boutons, et par lequel il est défendu à quiconque n'appartient pas à la corporation, de faire des boutons ou des boutonnières, sous peine de 125 francs d'amende.

Enfin, en 1795, le parlement défend encore aux ouvriers de travailler en dehors de leur paroisse ; toutefois, il adoucit la rigueur des lois précédentes, en ne mettant d'autre sanction à cette défense, que l'expulsion au cas où l'ouvrier aurait besoin de recevoir des secours sur les fonds paroissiaux.

Cependant, l'attention du parlement avait été appelée sur les bienfaits de la mutualité, et sur les heureux résultats obtenus par les sociétés existantes.

En 1773, fut présenté un bill qui permettait aux paroisses d'assurer aux habitants des annuités et secours, moyennant le payement de certaines sommes. Adopté par la chambre des communes, ce bill fut rejeté par la chambre des lords. Proposé de nouveau, en 1789, il subit le même sort qu'en 1773.

Enfin, le 21 juin 1793, grâce à l'initiative de MM. George Rose et Pitt, le parlement vota l'acte 33 Georges III, ch. 54, qui comprend 27 articles. On y posait le principe de l'approbation des statuts, en remettant aux juges des sessions trimestrielles le soin de les approuver ou de les rejeter ; les règlements approuvés étaient signés par le greffier de la justice de paix, chargé de les conserver. Aucune modification ne pouvait y être apportée sans un vote de l'assemblée générale, et les changements ou suppressions adoptés par cette assemblée devaient recevoir la sanction des juges des sessions trimestrielles ; la société dont les règlements étaient approuvés devenait personne civile, son administrateur (*trustee*) avait qualité pour poursuivre et défendre en justice ; enfin, la loi accordait l'exemption d'une grande partie des droits de timbre et des frais de procédure aux sociétés enregistrées.

Deux ans plus tard, l'acte 35 Georges III, ch. 3, du 20 juin 1795, accordait les mêmes privilèges aux administrateurs des sociétés de veuves, ainsi qu'à toutes les sociétés établies antérieurement à l'acte de 1793, qui faisaient confirmer leur règlement.

Les années qui suivent sont marquées par le vote d'un grand nombre d'actes du parlement.

Nous ne citerons que pour mémoire, et afin de ne rien omettre dans cette nomenclature, l'acte 36 Georges III, ch. 68 (1776), particulier à l'Irlande, et les actes moins importants, 43 Georges III, ch. 3 (27 juillet 1803), 49 Georges III, ch. 58 (3 juin 1819), relatif surtout à la gestion financière des sociétés, 49 Georges III, ch. 125 (20 juin 1809), 59 Georges III, ch. 128 (12 juillet 1809), 6 Georges IV, ch. 74 (27 juin 1825), et enfin, l'acte 9 Georges IV, ch. 92 (28 juillet 1828).

C'est dans la période comprise entre le premier acte de 1793 et celui de 1828, mais plus particulièrement entre 1801 et 1815, que se place le plus grand développement des sociétés de secours mutuels.

Le nombre total des membres des sociétés, qui était évalué à 9,672 en 1802, s'élevait, en 1815, à 925,429.

Les lois sans cesse votées, l'émancipation, réelle cette fois, des classes laborieuses, et l'abrogation de l'acte d'Elisabeth, qui interdisait l'exercice de tout art ou profession manuels à ceux qui n'avaient point été sept ans apprentis, abrogation faite toutefois sous la réserve des coutumes, usages et privilèges de la cité de Londres ; tous ces motifs contribuèrent puissamment à l'accroissement signalé.

Ce développement inouï ne cessait d'occuper le parlement. La législation ancienne renfermait certaines dispositions qu'il paraissait utile d'abandonner ; et, d'autre part, il semblait urgent de prendre quelques mesures nouvelles : le 19 juin 1829 fut voté l'acte 10 Georges IV, ch. 56.

Cet acte, qui ne comprend pas moins de quarante et un articles, abrogeait toutes les dispositions antérieures. Il ordonnait que tous les statuts seraient dorénavant soumis à un avocat (*barrister*) chargé de les certifier, puis confirmés par les juges des sessions et visés par le secrétaire de la justice de paix. C'est à ce moment seulement que la société avait une existence légale et devenait personne civile.

Certaines règles étaient prescrites pour la rédaction des statuts ; on autorisait la société à nommer quelques officiers et à élire des comités d'administration. Les trésoriers étaient placés sous la juridiction de la cour de l'échiquier ; les sociétés étaient exemptes de certains frais de justice ; elles étaient forcées d'envoyer périodiquement certains rapports au secrétaire d'État de l'intérieur, sous peine d'être déchues des bénéfices de l'acte ; enfin, elles étaient autorisées à verser leurs fonds à la banque d'Angleterre, qui devait leur payer un intérêt de 30 centimes par 2,500 francs et par jour.

Les actes suivants : 2 Guillame IV, ch. 37 (23 mai 1832), 4 et 5 Guillaume IV, ch. 40 (30 juillet 1834), 3 et 4 Victoria, ch. 73 (7 août 1840), offrent peu d'intérêt. L'acte du 3 juillet 1846 (9 et 10 Victoria, ch. 27), conféra à un fonctionnaire nommé archiviste (*registrar*) les fonctions attribuées aux avocats par les actes précédents. L'archiviste fut chargé de l'enregistrement des statuts ; il devait certifier que les tables de contribution avaient été établies conformément à la loi, et juger certaines difficultés entre les membres et les administrateurs des sociétés ; enfin, il recevait un traitement fixe au lieu du droit de 26 francs perçu par les avocats, pour chaque règlement enregistré ; l'acte prescrivait encore l'établissement d'un compte spécial pour chaque nature de dépense et d'assurance.

Nous trouvons ensuite l'acte 13 et 14 Victoria, ch. 115, du 15 août 1850, qui limite la responsabilité du trésorier, fixe la somme maximum à payer pour les funérailles des enfants au-dessous de dix ans ; prescrit l'envoi à l'archiviste de certaines pièces, sous peine, pour la société, d'être déchue des bénéfices de l'acte ; autorise les juges à statuer sur les réclamations des membres expulsés ; déclare que les cinq sixièmes au moins des membres doivent être d'accord pour obtenir la dissolution et limite la somme maximum que peuvent recevoir les membres faisant partie de deux sociétés. Il réduit enfin à 25 centimes par jour pour une somme de 2,500 francs, l'intérêt que doit payer la banque pour les fonds déposés, déclare que les sociétés qui retirent les fonds placés à la banque ne peuvent plus faire de nouveaux versements, et limite à certaines sociétés l'exemption des droits de timbre. Enfin, il admet au bénéfice de l'enregistrement les ordres secrets qui en avaient été jusque-là exclus.

Il ne nous reste plus, pour achever cette nomenclature, qu'à citer les actes 15 et 16 Victoria, ch. 65 (30 juin 1852), 16 et 17 Victoria, ch. 123 (20 août 1853), 17 et 18 Victoria, ch. 50 (24 juillet 1854), et enfin, 17 et 18 Victoria, ch. 101 (10 août 1854), abrogés, de même que tous les actes antérieurs, par l'acte de consolidation du 23 juillet 1855 (18 et 19 Victoria, ch. 63), qui forme avec les actes 21 et 22 Victoria, ch. 101 (2 août 1858), et 23 et 24 Victoria, ch. 58 (6 août 1860), la législation actuelle des sociétés de secours mutuels.

Nous ne terminerons pas cet exposé historique sans mentionner le bill présenté à la chambre des lords par lord Shelburne, et ayant pour objet la création de sociétés de secours mutuels paroissiales. Ce bill est resté malheureusement à l'état de projet, et n'a pu être voté dans le cours de la dernière session.

II.

Exposé de la législation actuelle.

La loi autorise la formation de toute société ayant l'un des objets suivants :

1° Assurer le payement d'une certaine somme à l'époque de la naissance d'un enfant, de la mort de la femme ou de l'enfant d'un membre, ou du membre lui-même;

2° Assurer des secours aux membres de la société, à leurs maris ou à leurs femmes, à leurs enfants, frères, sœurs, neveux ou nièces, dans les cas de vieillesse, maladie, veuvage, et des sommes d'argent aux membres ou aux personnes désignés par eux, sans limitation d'âge ;

3º Enfin, tout autre objet autorisé en Angleterre par l'un des principaux secrétaires d'Etat, ou en Ecosse par le lord avocat.

Depuis la promulgation de la loi, le secrétaire d'État de l'intérieur a autorisé la formation de sociétés créées pour assurer des secours en cas d'incendie, de naufrage, de perte ou d'avarie des bateaux ou filets de pêcheurs.

Dans aucune des sociétés formées sous le régime de l'acte de 1855, il n'est permis à un membre de souscrire ou de contracter pour une indemnité dépassant 750 francs par an, ou pour une somme fixe payable en cas de mort ou de tout autre accident, supérieure à 5,000 francs.

Lorsqu'un certain nombre de personnes ont l'intention d'établir une société, elles doivent préalablement s'entendre pour en rédiger les statuts.

Ces statuts doivent nécessairement contenir le nom de la société et le lieu choisi pour les réunions. Tout changement de local doit être, dans les quatorze jours, notifié à l'archiviste. Les statuts indiquent également le but de la société, la destination des fonds, les conditions imposées pour recevoir des secours, le taux des cotisations, les conditions requises pour faire des suppressions, des additions ou des modifications au règlement, les dispositions prises pour la nomination, la révocation du comité général d'administration, des administrateurs, des trésoriers et autres agents, les règles pour le placement des fonds et la reddition annuelle ou périodique des comptes, la forme dans laquelle seront jugées les contestations entre la société et ses membres.

Le règlement doit enfin porter que des comptes séparés seront ouverts pour chaque nature particulière de recettes ou de dépenses, pour les cotisations en faveur des membres et pour celles en faveur de leurs femmes, de leurs maris, de leurs enfants, de leur père, etc., ainsi que pour les frais d'administration et autres dépenses.

Le règlement, une fois arrêté, doit être transmis en double expédition et signé de trois membres et du secrétaire ou autre agent, à l'archiviste des sociétés de secours mutuels. C'est un fonctionnaire nommé en anglais *registrar of friendly societies* (1), placé sous l'au-

_____

(1) En dehors du *registrar* résidant à Londres, et dont les fonctions embras-

torité nominale du secrétaire d'État de l'intérieur, mais qui, en fait, dirige le service, aidé par quatre employés établis avec lui dans un office spécial. L'archiviste agit en réalité, sans autre contrôle que celui du parlement, auquel il doit adresser chaque année un rapport sur la situation des sociétés de secours mutuels (1). Il est nommé par les commissaires pour la réduction de la dette nationale, et il est révocable. Il doit être choisi parmi les avocats ayant au moins sept ans d'exercice, et son traitement, en dehors des frais de bureau, varie entre 20,000 et 25,000 francs.

L'archiviste examine les statuts, veille à ce qu'il soient conformes en tout point à la loi, recherche si toutes les dispositions sont bien calculées pour répondre à l'intention des fondateurs, et s'entend, au besoin, avec les agents de la société. Si certaines dispositions lui semblent contraires à la législation, s'il remarque certaines omissions, il renvoie les statuts jusqu'au moment où il juge possible de les approuver.

Dans le cas où les statuts assurent aux membres de la société une annuité ou une pension de retraite, l'archiviste ne peut donner son approbation que si la société joint aux deux exemplaires du règlement un certificat constatant que les tables de contributions ont été approuvées par l'actuaire des commissaires pour la réduction de la dette nationale, ou par celui d'une compagnie d'assurances sur la vie, de Londres, Edimbourg ou Dublin, remplissant ces fonctions depuis cinq ans au moins.

Les statuts une fois en état d'être approuvés, l'archiviste en garde un exemplaire et renvoie l'autre à la société, en y joignant un certificat, qui doit être délivré gratuitement (2).

sent l'Angleterre et le pays de Galles, il y a deux *registrars* spéciaux pour l'Ecosse et l'Irlande qui résident à Edimbourg et à Dublin.

(1) L'office d'archiviste, rempli depuis 1829 par un avocat (*barrister*), a été créé en 1846 par l'acte 9 et 10 Victoria, chap. 27. Son premier rapport annuel, publié en vertu de l'acte de 1855, est du 21 juillet 1856.

(2) Ce certificat est ainsi conçu :

« Je certifie, par les présentes, que les statuts ci-dessus visés de la société de N... à N..., comté de N..., sont conformes à la loi, et que la société est dûment constituée à dater du présent jour. Ladite société est soumise, à dater de ce moment, à toutes les obligations imposées par les actes relatifs aux sociétés de secours mutuels; elle est également apte à jouir de tous les priviléges concédés par ces mêmes actes. »

Le taux des cotisations et des indemnités a été approuvé par l'actuaire des

Les statuts, ainsi certifiés, ne peuvent plus être modifiés ou abrogés que par une résolution de l'assemblée générale. Le texte de tout changement voté dans la forme prescrite, doit être transmis en double exemplaire à l'archiviste. On doit y joindre un certificat signé du secrétaire, ou de l'un des agents, et constatant que toutes les formalités ont été accomplies pour les modifications dont il s'agit. L'archiviste approuve, après examen, les changements proposés et délivre un nouveau certificat conçu dans les mêmes termes que le premier, et également gratuit.

L'existence légale d'une société date du jour où ses statuts ont été approuvés par l'archiviste.

C'est à partir du même moment que les statuts ou les modifications des statuts deviennent définitifs et sont obligatoires pour tous les membres de la société. Ils sont admis en justice et constituent une preuve dite d'évidence devant les tribunaux. Enfin la loi punit comme un délit la mise en circulation ou la distribution d'un exemplaire non conforme au texte certifié par l'archiviste.

La société une fois constituée doit procéder à la nomination d'un ou plusieurs administrateurs appelés *trustees*; cette élection a lieu à la majorité des voix des membres présents; le résultat du vote doit être transmis à l'archiviste, par une note signée des administrateurs et des secrétaires.

Les administrateurs peuvent être choisis parmi les membres âgés de vingt et un ans au moins. Ils sont les représentants légaux de la société; ils peuvent avec le consentement de la majorité des membres présents, acheter, faire construire ou louer un bâtiment affecté aux séances de la société; ils peuvent également et aux mêmes conditions hypothéquer, vendre ou échanger tout ou partie de cet immeuble. Enfin ils ont le pouvoir de souscrire jusqu'à concurrence d'une somme fixée par le comité d'administration ou la majorité des membres réunis en assemblée générale, pour contribuer à la fondation d'un hôpital, hospice, asile ou autre institution charitable dans laquelle pourront être admis, suivant certaines règles, les membres de leur société ou leurs proches parents.

La société est représentée en justice par ses administrateurs qui

commissaires pour la réduction de la dette nationale (ou par celui d'une compagnie d'assurances sur la vie).

défendent ou demandent, non en leur propre nom, mais en leur qualité d'administrateurs, de telle sorte que leur mort ou leur révocation n'interrompt aucune des procédures, l'administrateur nouveau procédant naturellement au lieu et place de l'ancien, et agissant *ex officio*.

Il n'en est pas de même en ce qui concerne la comptabilité. Lorsqu'il est appelé à toucher des fonds, l'administrateur agit en son nom, *ex personâ*, et est irresponsable du fait de ses prédécesseurs.

Tout trésorier ou autre agent de la société chargé du maniement des fonds est tenu de donner caution, jusqu'à concurrence de la somme déterminée par le comité d'administration ou par la société. Il doit rendre ses comptes à l'époque fixée par les statuts, ou lorsque la demande en est faite soit par les administrateurs, soit par la majorité du comité, soit même par la majorité des membres présents à une assemblée. Si dans le délai de sept jours après qu'il a reçu une semblable réquisition il ne rend pas compte des recettes et des dépenses ; si, lorsqu'on les demande, il ne produit ou ne remet pas les pièces de comptabilité ou les fonds et valeurs déposés entre ses mains, il peut être poursuivi et la caution devient effective, en outre il est condamné à tous les frais des poursuites dirigées contre lui.

La société possède, d'ailleurs, sur tous les biens du trésorier un privilége de premier ordre, pour les cas de mort, de banqueroute ou de faillite.

Les contestations entre les membres d'une société ou leurs représentants, et les administrateurs, trésoriers ou autres agents, sont jugées suivant les règles tracées dans les statuts. La décision prise en conformité de ces règles est définitive et sans appel. Toutefois, au cas où les statuts décident que les contestations sont portées devant les juges de paix, les parties étaient tenues par l'acte de 1855 d'aller devant la cour du comté. L'acte de 1858 autorise deux juges de paix réunis pour juger, à prononcer les condamnations jusqu'à concurrence d'une somme de 12 fr. 50 c. La même autorité est accordée à Londres au juge de la cour des shériffs, en Ecosse aux shériffs, en Irlande à l'avocat-assistant, à Dublin et à Cork au *recorder*.

Toute société est tenue d'envoyer avant le 10 juin de chaque année, à l'archiviste, un état de la comptabilité de l'année précédente ou un exemplaire du dernier rapport annuel. L'omission de cette formalité est punie d'une amende de 25 francs.

Cet état doit comprendre, au moins, l'indication des sommes en caisse au 1er janvier de l'année, le chiffre des donations et des souscriptions des membres honoraires, le produit des amendes et la somme payée par les membres : 1° pour le droit d'entrée ; 2° pour secours en cas de maladie ; 3° pour secours en cas de vieillesse ; 4° pour avoir droit à une somme à l'époque de leur mort ; 5° pour les frais d'administration de la société. On y ajoute enfin les intérêts produits par les fonds placés.

Dans le compte des dépenses, doivent figurer les frais de bureau et d'impression, les honoraires du médecin, les frais d'administration et les honoraires des agents et employés , les sommes payées aux membres malades ou âgés, ou versées à la mort des membres entre les mains de leur famille, enfin les placements de fonds.

La balance des recettes et des dépenses termine ce compte, auquel doivent être jointes les indications suivantes :

Nombre des membres au 1er janvier,
Personnes admises depuis le 1er janvier,
Nombre des personnes exclues depuis le 1er janvier,
Nombre des membres démissionnaires depuis le 1er janvier,
Nombre total des membres au 31 décembre,
Nombre des membres honoraires,
Nombre des membres participants,
Nombre des membres morts depuis le 31 décembre,
Jours de maladie,
Nombre des pensionnaires,
Nombre des décès.

En outre, il doit être fait pour chaque période de cinq ans, à dater du 31 décembre 1855 , un état de la mortalité et des maladies, qui est présenté au parlement. L'acte de 1855, prescrit également à l'archiviste de soumettre au parlement un rapport annuel qui est imprimé et publié.

Aux termes de la loi, les administrateurs, le comité d'administration ou la majorité des membres, suivant la répartition des pouvoirs faite par les statuts, doivent placer les fonds disponibles dans les caisses d'épargne (*savings banks*) ou dans les fonds publics, ou les remettre aux commissaires pour la réduction de la dette nationale. Ils peuvent même les employer en achats de toute autre nature indiqués par les statuts, sauf toutefois en achats d'immeubles autres qu'une maison pour les réunions ou assemblées, non plus qu'en actions de compagnies par actions (*joint stock companies*) ou autres compagnies avec ou sans chartes d'incorporation.

Lorsqu'une société n'assure en aucun cas, le payement d'une somme supérieure à 5,000 francs ou d'une annuité au-dessus de 750 francs par an, la loi l'autorise à verser toute somme au-dessus de 1,250 francs à la Banque d'Angleterre ou d'Ecosse, au compte des commissaires pour la réduction de la dette nationale ; l'administrateur doit déclarer que ces fonds appartiennent exclusivement à la société, et le caissier de la Banque est tenu de les recevoir et de les porter sur les livres de cet établissement, au compte des fonds des sociétés de secours mutuels ; dans le cas où la déclaration exigée par la loi serait mensongère, la somme versée serait confisquée. Les fonds ainsi placés rapportent un intérêt de 20 centimes par 2,500 fr. et par jour, c'est-à-dire environ 3 p. % par an.

Cet avantage paraît bien faible, lorsqu'on songe qu'en France les sommes placées par les sociétés rapportent un intérêt de 4,50 p. % ; mais il faut remarquer que l'intérêt de l'argent est beaucoup moins élevé en Angleterre qu'en France. L'acte de 1855 a, d'ailleurs, singulièrement diminué les avantages accordés par la législation antérieure.

Aussi est-il décidé que les sociétés établies sous le régime des anciens actes et qui ont versé des fonds à la Banque conserveront les priviléges dont elles jouissaient pour les assurances faites avant l'acte de 1855 ; c'est-à-dire que celles établies avant le 29 juillet 1828, toucheront pour les assurances faites avant le 15 août 1850, 30 centimes par 2,500 francs et par jour, et les sociétés établies entre le 28 juillet 1828, et le 15 août 1850, reçoivent pour les assurances faites avant cette dernière date 25 centimes par 2,500 francs et par jour.

Toute société qui retire les fonds déposés par elle, perd le droit d'opérer de nouveaux dépôts, à moins d'une autorisation des commissaires pour la réduction de la dette nationale, du contrôleur général ou du contrôleur adjoint.

Les pièces de comptabilité étant signées par les administrateurs, qui agissent ici en leur propre nom et non plus *ex officio*, l'archiviste notifie au comptable général de payer au compte des nouveaux administrateurs chaque fois que les anciens sont révoqués ou morts. Cette notification est faite sur le vu d'un certificat signé du secrétaire et de trois membres de la société.

La loi accorde aux sociétés de secours mutuels un autre privilége en exemptant du droit de timbre les actes de procédure, la légalisation des pièces, les actes financiers et les actes de cautionnement, pourvu que la société n'assure pas plus de 5,000 francs à un de ses membres, ou ne promette pas de payer à sa mort une somme à toute personne autre que ses exécuteurs, administrateurs, femmes, pères, mères, enfants, frères, sœurs, neveux ou nièces.

Aucun membre ne peut recevoir d'une société *enregistrée* une somme totale excédant 5,000 francs ou une rente supérieure à 750 francs par an; lorsqu'il fait partie de plusieurs sociétés, il ne peut toucher une somme totale qui dépasse les chiffres précédents. Il doit, en conséquence, déclarer par écrit qu'il ne fait partie d'aucune autre association, ou, dans le cas contraire, que la somme qu'il en reçoit est inférieure au maximum indiqué : ce certificat doit être signé par son mandataire, s'il ne se présente pas lui-même. Toute fausse déclaration est considérée et punie comme un délit.

Dans toute société qui paye aux membres une certaine somme pour subvenir aux frais funéraires de leurs enfants, ce payement ne peut être fait que sur le vu du certificat d'un médecin, indiquant la cause probable de la mort. En aucun cas, d'ailleurs, la somme payée ne peut excéder 125 francs si l'enfant a moins de cinq ans, et 250 francs, s'il a de cinq à dix ans.

Tout administrateur qui contrevient à une de ces dispositions, est passible d'une amende de 125 francs, qui est prononcée par deux juges de paix; la même peine est portée contre quiconque recevrait de deux sociétés une somme supérieure au maximum fixé plus haut, ou produirait un faux certificat. Les certificats constatant la mort d'un enfant sont délivrés gratuitement par les médecins des *Workhouses*, lorsque le décès a lieu dans ces maisons, et, dans le cas contraire,

par les médecins des unions, qui perçoivent un droit de 1 fr. 25 c.

Lorsqu'une somme doit être payée à la mort d'un membre, l'administrateur de la société doit remettre l'argent à la personne indiquée par les statuts ou à celle qui a été désignée par le défunt dans un écrit déposé entre les mains du secrétaire. Dans le cas où les statuts ne donnent aucune règle à suivre, de même que dans le cas de prédécès du donataire, ou de révocation de la donation, la somme est remise par les administrateurs à l'héritier indiqué par la loi *ab intestat*: les personnes qui se trouvent lésées n'ont recours que contre le détenteur de la somme; mais ils ne peuvent poursuivre l'administrateur de la société.

Lorsque le règlement décide qu'un membre de la société est privé de quelqu'un de ses priviléges, par suite de son enrôlement au service militaire, les administrateurs peuvent, soit exiger de ce membre une contribution supplémentaire jusqu'à concurrence de 10 centimes de la cotisation principale pendant tout le temps où il servira en dehors du royaume, soit déclarer qu'il cessera de payer toute contribution et que l'exercice de ses droits sera suspendu pendant le temps de son absence; dans ce cas le membre reprendra tous ses droits dès le jour de son retour dans les Iles Britanniques.

L'acte de 1855 punit d'une peine qui ne peut excéder trois mois de travail forcé tout agent, membre ou autre personne qui obtiendrait par des moyens frauduleux les biens de la société ou qui en ferait mauvais emploi.

Les sociétés peuvent changer de nom avec l'autorisation de l'archiviste, pourvu qu'il n'en résulte aucune modification dans les charges qui leur incombent ou dans les droits et devoirs des membres.

Deux sociétés peuvent également se fondre en une, ou une société peut accepter les charges de l'autre, avec le consentement des membres des deux sociétés réunis en assemblée générale.

La loi prévoit enfin le cas de dissolution d'une société. La dissolution ne peut être prononcée que par un vote réunissant les cinq sixièmes des voix des membres participants et honoraires, et du consentement de toutes les personnes qui reçoivent ou ont le droit de recevoir des secours, annuités, ou autres avantages, ou ces personnes dûment satisfaites.

Dans ces délibérations, chaque membre a une voix, une voix de plus étant accordée à chaque sociétaire par cinq années de participation à la société, sans toutefois qu'une seule personne puisse réunir plus de cinq votes. Dans le cas de dissolution, la société doit délibérer sur l'emploi des fonds disponibles.

La délibération, accompagnée d'un certificat signé d'un administrateur ou de trois membres et du secrétaire, qui déclarent devant les juges de paix que toutes les prescriptions de la loi ont été remplies, est transmise à l'archiviste.

Si les membres préfèrent ne pas régler eux-mêmes l'emploi des fonds, une note écrite du consentement des cinq sixièmes d'entre eux est adressée à l'archiviste et lui fait connaître que les fonds de la société sont insuffisants pour subvenir à ses charges, l'archiviste fait une enquête, décide si la société doit ou non se dissoudre, et répartit les fonds qui restent en caisse.

La décision, ainsi rendue, est sans appel, et les dépenses faites par l'archiviste sont payées sur les fonds de la société.

La dissolution, une fois prononcée, et les fonds distribués, l'archiviste décharge les administrateurs, trésoriers et autres agents de toute responsabilité.

Lorsqu'une société s'est dissoute, ou lorsque la dissolution a été résolue par l'archiviste, un avertissement doit être inséré, dans les vingt et un jours, dans les journaux de Londres, Edimbourg ou Dublin. Si dans les trois mois, il ne se produit aucune réclamation, la société est considérée comme légalement dissoute.

L'archiviste doit rendre compte, dans son rapport annuel, des dissolutions survenues dans l'année.

Cette législation ne diffère pas très-notablement de celle qui régit en France les associations mutuelles, et c'est un des points où l'analogie est la plus grande entre les lois des deux pays.

L'administration anglaise, qui intervient le moins possible dans les affaires privées, exerce sur les sociétés de secours mutuels une surveillance aussi grande que l'administration française qui, de son côté, donne à ces associations plus de latitude qu'elle n'en laisse généralement aux institutions particulières.

En Angleterre, il est vrai, le président n'est pas, comme en France, nommé par le souverain, mais ce droit est exercé chez nous avec une telle discrétion, qu'en fait, le gouvernement ratifie toujours le choix de la société même.

Les pouvoirs qui sont confiés à l'arbitraire d'un seul homme, l'archiviste des sociétés anglaises, sont remis, en ce qui concerne les associations françaises, à une commission supérieure, composée d'hommes éminents, dont les décisions présentent les plus sérieuses garanties.

La législation française laisse, sur beaucoup de points, plus de liberté que celle d'Angleterre, et l'on n'a pas été obligé d'insérer dans notre loi les dispositions relatives à la mort des enfants des sociétaires, que nous avons citées dans notre examen des actes sur la mutualité, et que le parlement a dû introduire pour diminuer le nombre des infanticides et empêcher les odieux calculs de pères qui mettaient à mort leurs enfants nouveau-nés pour toucher l'indemnité de sépulture.

Enfin, aucune subvention de l'Etat n'est accordée en Angleterre aux associations créées par l'initiative privée, elles doivent se soutenir par leurs propres forces. En France, au contraire, les secours distribués par l'Etat, avec une remarquable mesure, sans altérer le principe de la mutualité, peuvent sauver de la ruine les sociétaires atteints par une crise passagère, sans qu'ils soient forcés de dissoudre leur association, ou, comme il arrive pour une grande quantité de sociétés anglaises, dans les événements actuels, de suspendre le payement de leur cotisation et de perdre tout droit à l'indemnité, dans le moment même où ils en ont le plus grand besoin.

III.

Organisation des sociétés.

Après avoir exposé la législation qui régit actuellement les sociétés de secours mutuels, nous devons examiner leur constitution et faire connaître l'économie générale de leurs statuts.

Les statuts de toute société se composent de deux parties bien distinctes : la première comprend les articles obligatoires, uniformes pour toutes les sociétés, et dont l'archiviste exige l'insertion avant d'accorder le certificat prescrit par l'acte de 1855 ; la deuxième partie se compose des articles facultatifs qui varient à l'infini et que chaque société peut à son gré adopter ou rejeter.

Les articles obligatoires sont relatifs : 1° au nom, au siége et au but de la société; 2° aux dépenses, recettes et placements des fonds ; 3° au mode de nomination du bureau ; 4° aux fonctions des membres du bureau ; 5° au règlement des contestations; 6° aux formes prescrites pour les changements à introduire dans les statuts. Enfin, la table des cotisations, entrées ou autres droits, doit être annexée au règlement et revêtue du visa de l'actuaire des commissaires pour la réduction de la dette nationale, ou d'une compagnie d'assurances sur la vie, exerçant ces fonctions depuis cinq ans au moins.

Nous allons examiner successivement chacune des dispositions obligatoires que nous venons d'indiquer.

1° *Nom, siége et but de la société.*

Le premier article est généralement ainsi conçu :

La société sera appelée : société de secours mutuels de.....; ses réunions auront lieu à..... Le but de la société est le suivant (ici doit se trouver l'indication de l'un des objets autorisés soit par l'acte de 1855, soit par l'un des principaux secrétaires d'État, et rappelés plus haut).

Tout changement du lieu de réunion sera notifié à l'archiviste, dans le délai de quatorze jours, par une lettre signée de deux administrateurs ou du secrétaire et de trois membres de la société. Pareille notification doit être faite en cas de dissolution.

2° *Recettes, dépenses et placements de fonds.*

Toutes les sommes provenant des cotisations, dons, droits d'admission, amendes ou de toute autre source, doivent être employées aux dépenses nécessitées par le but que se propose la société, suivant les prescriptions des statuts et des règles y annexées. Tout agent qui fait un mauvais emploi des fonds doit rembourser les sommes indûment dépensées; il est, en outre, révoqué de ses fonctions.

Les sommes qui ne sont pas nécessaires pour les dépenses courantes sont, avec le consentement du comité d'administration, placées par les administrateurs, suivant les indications contenues dans l'acte de 1855.

Tout membre doit payer une somme de............, pour les frais d'administration ; il est tenu, pour ces dépenses, un compte séparé, qui est examiné dans les mêmes formes que ceux de toutes les autres dépenses de la société.

Toute somme perçue est inscrite sur un livre différent, suivant qu'elle s'applique à l'un des comptes séparés tenus pour chacun des objets suivants, pour lesquels il existe une table spéciale de cotisation, savoir : Bénéfices assurés : 1° aux membres ; 2° à leurs femmes ou à leurs maris ; 3° à leurs enfants ; 4° à leurs pères et mères ; 5° à leurs frères et sœurs ; 6° à leurs neveux et nièces.

Le comité veille à la régularité des écritures ; les comptes sont rendus au commencement de juin et de décembre de chaque année à deux auditeurs choisis parmi les membres de la société ; le comité doit produire une balance visée par ces auditeurs et indiquant les recettes et les dépenses, ainsi que l'état financier de la société. Il y joint un exposé de la situation. Les auditeurs examinent la balance produite, et ils présentent leurs observations à la première assemblée.

Les livres et comptes de la société sont tenus à la disposition des membres qui peuvent toujours en prendre copie.

3° *Nomination du bureau.*

A la première assemblée qui suit l'enregistrement des règles, on procède à l'élection de un ou plusieurs administrateurs, d'un trésorier, d'un secrétaire et d'un comité d'administration, composé de.... personnes.

L'élection a lieu à la majorité des suffrages. Les administrateurs remplissent leurs fonctions pendant un an, à moins qu'ils ne soient révoqués par l'assemblée générale. En cas de mort ou de révocation, une assemblée, spécialement convoquée, pourvoit à leur remplacement. Chaque année, il est procédé à une réélection ; l'assemblée peut continuer leurs pouvoirs aux administrateurs sortants. Copie des délibérations nommant ces agents est transmise, signée de trois membres, des administrateurs et du secrétaire, à l'archiviste des sociétés de secours mutuels.

4° *Fonctions des membres du bureau.*

Les administrateurs ont droit de séance et de vote dans toutes les délibérations du comité. Ils remplissent, à moins de décisions contraires, toutes les fonctions qui leur sont attribuées par la loi.

Si l'administrateur révoqué refuse ou néglige de remettre les valeurs de la société au comité d'administration, il peut être rayé de la liste des membres et privé de toutes les sommes qu'il a versées, sans préjudice des poursuites qui peuvent être exercées contre lui.

Le trésorier rend, une fois chaque année, à l'époque fixée par les statuts, ou lorsqu'il en est requis par les administrateurs, un compte exact des recettes et des dépenses. Il doit, sur la demande de la majorité des administrateurs, remettre tous les fonds qui sont entre ses mains, ainsi que les gages, effets, livres, papiers, ou tout autre objet qui lui a été confié, à la personne désignée pour en prendre possession. Il est responsable des sommes à lui remises. Il doit établir chaque mois sa balance et en donner copie au secrétaire; il est, enfin, tenu de fournir, avant d'entrer en fonctions, les sécurités exigées par l'acte 18 et 19 Victoria, ch. 63, art. 24.

Le comité d'administration s'assemble aux jours et heures fixés par les statuts. La présence de..... membres est nécessaire pour rendre valables les décisions prises relativement à l'administration de la société. Les décisions prises par le comité, dans la limite de ses pouvoirs, ont la même force qu'une décision de l'assemblée générale.

Toute question est décidée à la majorité des suffrages; en cas de partage, la voix du président est prépondérante. Un (ou plusieurs) membres du comité peut convoquer une assemblée spéciale en prévenant le secrétaire ..... jours d'avance, mais on ne peut traiter, dans cette assemblée, que la question qui fait l'objet de la réunion. Le comité assiste à toutes les assemblées tenues en vertu de cette disposition.

Le secrétaire tient la plume aux assemblées; il enregistre les noms des membres du comité ou des administrateurs présents; il prend note des décisions et inscrit sur un registre spécial le procès-verbal de la séance, qu'il signe avec le président.

Le secrétaire reçoit les demandes d'admission et de secours; il garde les comptes, papiers et documents de la société, en se conformant aux règles indiquées par le comité; enfin, il prépare le rapport annuel et les autres documents qui doivent être adressés à l'archiviste, en vertu de l'acte de 1855.

Le secrétaire est placé sous la direction et le contrôle du comité.

5° *Règlement des contestations.*

Toute contestation entre un sociétaire ou son représentant et les administrateurs, trésorier, membres du comité ou autres agents de la société, est jugée par un arbitre.

A la deuxième assemblée qui suit l'enregistrement des statuts, cinq arbitres sont nommés ; ils doivent être choisis parmi des personnes qui n'ont un intérêt ni direct ni indirect dans les fonds de la société. Lors de chaque contestation, les noms des arbitres sont écrits sur des bulletins et placés dans une urne ; les premiers noms tirés au sort par la partie plaignante ou son représentant sont ceux des arbitres.

En cas de vacance, de nouveaux arbitres sont nommés à la première assemblée.

6° *Modifications aux statuts.*

Aucune addition, modification, suppression aux statuts ne peut être faite que du consentement des membres présents à l'assemblée générale spécialement convoquée pour délibérer sur ce sujet.

En dehors de ces dispositions imposées par la loi, et qui figurent dans tous les statuts, se trouvent un certain nombre d'articles facultatifs qui varient souvent. Il n'est pas cependant inutile de faire connaître ceux qui sont adoptés par la majorité des sociétés.

1° *Membres honoraires.*

Toute personne qui donne à la société une somme de 125 francs ou qui souscrit pour une somme annuelle de 12 fr. 50 c. peut être nommée membre honoraire. Il en est de même pour toute personne qui n'étant pas membre participant, remplit gratuitement l'une des fonctions attribuées aux membres du bureau.

Le titre de membre honoraire confère le droit d'assister et de voter à toutes les assemblées générales.

2° *Assemblées générales.*

Il y a chaque année une assemblée générale de tous les membres, dans laquelle on entend le rapport du comité et la reddition des comptes de l'année écoulée ; ces comptes une fois approuvés, on procède à la nomination des membres du comité pour l'année qui commence, et on s'occupe de toutes les autres questions qui peuvent être à l'ordre du jour.

3° *Assemblées spéciales.*

Une assemblée spéciale, soit des administrateurs, soit du comité, soit de tous les membres, peut être convoquée en tout temps sur la demande d'un ou plusieurs administrateurs, d'un ou plusieurs membres du comité, ou de membres majeurs de la société, adressée par écrit au secrétaire et indiquant l'objet de la réunion. Les convocations doivent être envoyées trois jours au moins à l'avance.

Les administrateurs, les membres du comité, et tous les membres âgés de vingt et un ans, au moins, ont le droit de voter dans ces réunions. Aucune question autre que celle qui fait l'objet de la réunion ne peut être traitée dans cette assemblée, dont les frais sont supportés par les membres qui l'ont convoquée, à moins qu'il n'en soit autrement décidé.

4° *Payement des cotisations.*

Les versements doivent être effectués le 1ᵉʳ de chaque mois. Chaque membre doit produire un livret spécial sur lequel seront inscrites les sommes qu'il reçoit et qu'il dépose.

5° *Nomination des médecins.*

Le comité nomme un ou plusieurs médecins, qu'il a le pouvoir de révoquer ; si le médecin change de résidence et que le comité regarde ce changement comme nuisible à la société, il peut être remplacé. Dans ce cas, comme dans celui de mort, démission ou autres vacances, le comité doit pourvoir au remplacement dans le délai d'un mois.

Le médecin donne les soins nécessaires et fournit les médicaments à tout membre y ayant droit ; il visite à domicile les sociétaires malades résidant dans un rayon fixé, au moins une fois par semaine, et plus, s'il est nécessaire. Tout membre qui s'éloigne des limites fixées par les statuts cesse d'avoir droit aux secours médicaux.

Le médecin constate l'état des candidats qui veulent faire partie de la société ; il constate également, sur la demande du comité, l'état des sociétaires. Il dresse et communique au secrétaire une liste des personnes auxquelles il a donné ses soins et des médicaments qu'il a fournis.

Le fonds médical est réparti entre les médecins, et à la fin de l'année, chacun d'eux reçoit une somme proportionnelle au nombre de malades qu'il a visités ; les fonds restant en caisse sont partagés également entre tous les médecins, déduction faite du vingtième qui est appliqué aux dépenses d'administration.

6º Dispositions diverses.

Tout membre convaincu d'un crime ou de toute action illégale ou criminelle, tout membre ayant fait de fausses déclarations relativement à son âge, sa santé, son emploi, sa participation à d'autres sociétés au moment de son admission, tout membre qui simule une maladie, ou demande et obtient frauduleusement des secours ou sommes d'argent, est exclu et perd toutes les sommes par lui versées aussi bien que les droits aux bénéfices assurés par la société ; il est tenu également de rembourser les sommes qu'il a indûment touchées.

Les tables d'indemnités et de cotisations sont revues tout les cinq ans par l'actuaire d'une compagnie d'assurances sur la vie, nommé par le comité.

Enfin la société se réserve le droit de voter, en assemblée générale, l'extension des limites de son action.

Règles spéciales au service médical.

Les membres de l'un ou de l'autre sexe, ayant droit au bénéfice du secours médical, doivent être doués d'un bon caractère, résider dans les limites fixées par les statuts, être âgés d'au moins 16 ans et de

40 au plus. Les candidats remettent leur demande au secrétaire qui les fait visiter par un médecin, dont le rapport sert de base à la décision d'admission ou de rejet qui est prise par le comité. La cotisation annuelle est payée par quarts et d'avance sous peine d'amende ; les membres ont droit aux médicaments et aux soins de celui des médecins de la société qu'ils préfèrent. Les femmes membres de la société ou les femmes des membres peuvent, en payant un mois d'avance la somme fixée par le règlement, s'assurer les soins du médecin pour leurs couches.

Règles spéciales pour le fonds des malades.

Les membres peuvent recevoir jusqu'à l'âge de 65 ans une indemnité dans le cas de maladie. Les candidats doivent être âgés de 16 ans au moins et de 40 au plus ; ils doivent être d'un bon caractère et résider dans les limites fixées par les statuts. Tout membre qui s'assure une indemnité a droit également au service médical.

Les demandes d'admission adressées au secrétaire sont, après le rapport du médecin, examinées par le comité, qui prononce l'admission ou le rejet.

Dans son rapport, le médecin doit constater la profession du candidat et indiquer s'il appartient à la classe des membres composant la société. Il vérifie s'il n'est pas atteint d'une maladie chronique, incurable ou héréditaire.

Les membres reçoivent une indemnité correspondante à leur cotisation, conformément au tableau annexé aux statuts ; ils ne peuvent, en aucun cas, lorsqu'ils font partie de plusieurs sociétés, toucher une indemnité supérieure aux deux tiers de leur paye habituelle, ou supérieure à 25 francs par semaine.

Les membres ne peuvent changer de profession sans en donner avis à la société, sous peine de perdre tous leurs droits. Les médecins examinent si la nouvelle profession présente plus de chances de maladie que l'ancienne, et font un rapport au comité qui prend une décision et qui peut exclure le sociétaire si la nouvelle profession n'est pas comprise dans la même catégorie que celles des autres membres.

Tout changement de domicile doit également, sous peine d'amende, être notifié au secrétaire.

Les membres qui quittent les limites fixées par les statuts peuvent continuer à payer leurs cotisations et à recevoir les indemnités en envoyant, dans le cas où ils ont droit à recevoir ces indemnités, un certificat signé du médecin qui les soigne et du ministre de la paroisse attestant leur état. Ce certificat doit être renouvelé chaque quinzaine pendant tout le temps où le membre a besoin de secours.

Tout membre qui néglige de payer sa cotisation aux époques fixées est puni d'une amende et peut être privé de certains bénéfices ou même exclu de la société.

Chaque mois, un ou plusieurs membres sont nommés visiteurs; ils doivent accepter ces fonctions sous peine de 3 francs d'amende. Ils visitent au moins deux fois par semaine les sociétaires malades et adressent tous les huit jours un rapport au secrétaire. Toute omission est punie d'une amende de 60 centimes.

L'indemnité est due à tout membre affligé d'une maladie ou d'une infirmité qui le rend incapable de vaquer à ses travaux journaliers. L'indemnité est payée à dater du jour du certificat du chirurgien, à moins que le membre n'ait des payements de cotisation arriérés, cas auquel cet arriéré est d'abord payé sur l'indemnité. Le membre doit, en outre, faire partie de la société depuis un an au moins, et il n'a droit à aucune indemnité pour toutes les infirmités préexistantes à son entrée dans la société. Il perd également ses droits si sa maladie a pour cause une querelle, le déréglement ou l'ivrognerie, le jeu ou les courses, non plus que s'il est en prison, ou dans un état de folie, de paralysie ou de cécité.

L'indemnité est payée pendant six mois ; pendant les six mois suivants, le membre reçoit la moitié de cette indemnité, et si, à ce moment, la maladie continue, l'indemnité est réduite au quart. Lorsque la maladie dure moins longtemps et qu'il retombe malade avant six mois, la nouvelle maladie est considérée comme la suite de la première, et l'indemnité est réglée en conséquence.

Tout sociétaire cesse d'avoir droit à l'indemnité, s'il refuse de recevoir le médecin de la société ou le visiteur, ou s'il sort à l'heure de leurs visites sans indiquer l'endroit où il se rend, ou enfin s'il s'absente sans autorisation du médecin. Tout membre malade qui boit des spiritueux ou va dans un cabaret est non-seulement privé de l'indemnité, mais doit encore payer une amende de 6 fr. 25 c. et de

12 fr. 50 c. en cas de récidive ; la troisième fois, il est exclu de la société. Le sociétaire qui travaille chez lui, et exerce son métier sans autorisation du comité pendant qu'il reçoit l'indemnité, est privé de cette indemnité et puni d'une amende qui ne peut excéder 125 francs ; il peut même être rayé de la liste des membres.

Tout sociétaire qui quitte le territoire du Royaume-Uni perd tous ses droits ; toutefois, si, dans les six mois de son retour, il paye toutes ses contributions arriérées avec les intérêts, il peut être réadmis et réintégré dans ses droits.

Les membres peuvent, moyennant le payement d'une contribution fixée par les tables annexées aux statuts, s'assurer pour eux-mêmes ou pour telle personne qu'ils désignent le payement à certaines époques d'une somme qui ne peut être inférieure à 250 francs ni supérieure à 2,500 francs.

Dans le cas où le membre vient à mourir avant d'avoir complété ses payements, l'argent qu'il a versé est remis par le trésorier à la personne indiquée par le déposant, ou à son héritier. Si ce membre ne peut continuer ses payements, il en donne avis au comité qui décide.

Tout membre peut assurer le payement d'une somme à ses : femme, mari, enfants, père, mère, frères, sœurs, neveux ou nièces, ou à tout autre membre de la société dont il indique le nom sur un livre tenu par le secrétaire. S'il meurt avant d'avoir parfait le payement des cotisations, et que le donataire ne continue pas les versements, la société paye une somme porportionnelle aux versements faits.

IV.

Situation des sociétés.

Les sociétés de secours mutuels existent dans toutes les parties du territoire britannique, mais plus particulièrement en Angleterre et dans le pays de Galles. Bien que fondées dans un même but, et pour l'un des objets indiqués par l'acte de 1855, elles prennent des noms divers qui varient à l'infini.

Une nomenclature complète de ces titres souvent bizarres formerait à elle seule un volumineux travail ; nous nous bornerons à citer,

ÉTUDE.   3

comme exemple, les noms des sociétés les plus prospères et les plus nombreuses.

Tels sont le Noble ordre, l'Ordre indépendant, le Grand ordre uni, et l'Ordre national des odd fellows, l'Ordre indépendant des mécaniciens, les Vieux amis, les Réchabites, les fils de la Tempérance, les anciens Romains, les Fils de Zébédée, les Colombes pacifiques, les Inconnus, les Druides modernes, les anciens Druides, les Druidesses, les divers ordres des forestiers, les anciens Pasteurs, les sociétés des employés de chemins de fer, etc., etc. Chacun de ces ordres comprend un certain nombre de loges répandues sur divers points du territoire et qui forment en réalité autant de sociétés particulières.

Parmi les associations que nous venons de citer, il en est quelques-unes qui ont conservé les apparences de sociétés secrètes : l'ordre des odd fellows de Manchester est de ce nombre. L'admission est précédée de cérémonies burlesques, et chacun des membres doit connaître un certain nombre de signes qui donnent aux odd fellows quelque analogie avec les francs-maçons de France.

L'abrogation de la loi qui refusait à ces sociétés le bénéfice de l'enregistrement les a placées dans les mêmes conditions que toutes les autres ; un grand nombre ont fait certifier leurs règles, et les signes maçonniques tendent à tomber en désuétude. La politique paraît d'ailleurs être totalement étrangère aux associations dont nous parlons.

Il est extrêmement difficile d'indiquer le nombre exact des sociétés de secours mutuels existant en Angleterre, ou le chiffre des membres qui en font partie.

D'une part, en effet, la loi qui prescrit la formalité de l'enregistrement n'a pas eu d'effet rétroactif, et toutes les sociétés créées antérieurement à sa promulgation sont libres de ne point soumettre leurs statuts à l'examen de l'archiviste, et, d'autre part, un grand nombre de sociétés ont été dissoutes ou sont dissoutes chaque jour, si bien qu'il est presque impossible d'avoir des renseignements précis.

Suivant le rapport fait à la chambre des lords, en 1825, le plus grand nombre des sociétés avait été créé dans la période écoulée entre le commencement du XIXe siècle et l'année 1815 ; ainsi que nous avons déjà eu l'occasion de le dire, le nombre des sociétaires était évalué à 9,672 en 1802, et à 925,429 en 1815.

Depuis lors, le mouvement de progression ne s'est pas arrêté. De 1828 à 1847, le nombre des sociétaires s'est augmenté de 781,722, et, en 1850, lord Beaumont déclarait à la chambre des lords que les sociétés enregistrées ou non, existantes à cette époque, ne comprenaient pas moins de 3,052,000 membres ; il évaluait leur revenu à 4,980,000 livres sterling, soit 124,500,000 francs, et le capital de réserve à 11,360,000 livres sterling (284,000,000 francs).

Les rapports que l'archiviste des sociétés de secours mutuels publie chaque année depuis 1856, en exécution de l'acte de 1855, se bornent à constater l'impossibilité de connaître exactement le nombre actuel des sociétés et des membres qui les composent. Mais il nous paraît évident que les chiffres cités par lord Beaumont sont exagérés. Suivant l'archiviste actuel, l'honorable M. Tidd Pratt, le nombre des sociétés était, en 1857, de 20,000 environ, et chacune étant composée de plus de cent membres en moyenne, on arrivait à un total de plus de deux millions de sociétaires.

A cette même époque, 1,241,572 membres avaient versé aux caisses d'épargne une somme totale de 824,600,575 francs. Une seule société, connue sous le nom de l'Union des *odd fellows* de Manchester, comprend plus du dixième du nombre total des sociétaires que nous avons indiqué. Cette union, qui comptait 40,000 membres en 1836, avait, dès 1842, 3,500 loges et 220,000 membres payant une cotisation annuelle de 6,146,175 francs, tandis que les droits d'entrée s'élevaient à la somme énorme de 1,234,725 francs ; elle se compose aujourd'hui de 3,198 loges et de 287,573 membres. Malgré la résistance qui a accueilli d'abord la formalité de l'enregistrement, plus de la moitié des loges de l'union de Manchester sont aujourd'hui enregistrées. Nous devons citer encore l'Ordre des forestiers, qui comprenait, en 1850, 1,553 cours et 80,000 membres, et en 1860 2,048 cours et 148,562 membres ; ce chiffre est aujourd'hui de 2,626 loges, dont la moitié a fait certifier ses règles, et de 207,933 membres. Enfin vient le grand ordre uni des *odd fellows*, composé de 800 loges et de 40,029 membres ; l'ordre des Druides compte 20,000 membres, et celui des Pasteurs 15,000.

On a calculé, en 1859, que depuis 1793 il a existé 28,550 sociétés, sur lesquelles 6,850 ont été dissoutes, ce qui donne un total de 21,700 sociétés fonctionnant à cette époque.

Le nombre des sociétés actuellement existantes peut être évalué approximativement à 22,000, comprenant environ 2,200,000 membres.

Il est difficile, en présence des chiffres que nous venons de citer, de contester la situation prospère des sociétés de secours mutuels ; mais tandis qu'elles atteignent, en Angleterre, un si prodigieux accroissement, leur nombre est comparativement presque nul en Écosse et en Irlande.

Nous avons dit que la loi ne soumet à l'enregistrement que les sociétés créées depuis sa promulgation. Cette formalité reste facultative pour toutes celles qui existaient antérieurement.

Le sentiment d'indépendance, que les Anglais poussent si loin, a fait reculer tout d'abord beaucoup d'associations devant la nécessité de se placer sous le contrôle du gouvernement. On a compris cependant l'avantage des garanties offertes par l'acte de 1855, et un grand nombre de sociétés anciennes ont volontairement fait certifier leurs règles par l'archiviste.

Le nombre des sociétés enregistrées, jusqu'en 1862, se répartit ainsi qu'il suit :

> Angleterre et pays de Galles... 5,113
> Écosse...................... 185
> Irlande..................... 324

Soit, pour le Royaume-Uni, un total de 5,622.

Mais, il faut bien le dire, toutes les sociétés qui se sont soumises à l'acte de 1855 n'ont pas encore complétement répondu au vœu du législateur. La nécessité de rendre compte et de transmettre à l'archiviste le résultat des opérations financières embarrasse un grand nombre d'entre elles ; aussi, malgré la pénalité infligée par la loi aux secrétaires des sociétés qui omettent cette formalité, l'archiviste est-il réduit à constater chaque année dans son rapport qu'une quantité considérable d'associations ne lui ont fait parvenir aucun document. Cette année enfin, las de se plaindre sans résultat, l'honorable archiviste s'est adressé à la justice, et a fait condamner, *exempli causa*, des secrétaires récalcitrants, en menaçant du même châtiment tous ceux que cette rigueur inusitée ne rendrait pas plus dociles à l'avenir.

Cette résistance est d'ailleurs facile à expliquer, et nous aurons occasion de voir, en parlant de la situation financière et de l'administra-

tion intérieure des associations mutuelles, combien les abus sont
souvent profonds. Nous nous bornons, quant à présent, à regretter
que cette situation rende si pénible tout travail et toute étude sur la
mutualité anglaise.

Tandis, en effet, que nous pouvons parler avec certitude, en ce
qui concerne la Belgique et la France, nous en sommes réduits aux
approximations lorsqu'il s'agit de l'Angleterre. En admettant cependant des chiffres, que les Anglais considèrent comme officiels, nous
trouvons le résultat suivant quant au nombre des sociétaires com-
paré au chiffre total de la population.

La proportion est :

     En Angleterre, de 1 sociétaire sur 9   habitants ;
     En Belgique, de 1   —   sur 66   —
     En France , de 1   —   sur 76   —

Cette proportion est d'autant plus frappante, que la France se
trouvait, au commencement du xixe siècle, dans une position comparativement bien meilleure vis-à-vis de l'Angleterre. En effet,
le nombre des sociétés anglaises, en 1800, était de 90 à peine, et il
existait en France, à cette même époque, plus de 45 sociétés ; mais
le prodigieux développement qui marque l'histoire de la mutualité
anglaise de 1801 à 1814 ne se produit pas dans notre pays ; si bien,
qu'à cette dernière date, l'Angleterre compte 900 sociétés et la France
170 seulement. Enfin, l'enquête faite en 1852 donne pour les 86
départements un chiffre de 2,438 sociétés existantes ou ayant existé,
tandis qu'il y en a 20,000 en Angleterre et dans le pays de Galles,
pour une population qui n'est que la moitié de celle de la France.

Cette comparaison rend plus remarquable la situation actuelle
le progrès de la mutualité est presque arrêté en Angleterre
où le chiffre des sociétés dissoutes chaque année dépasse souvent celui des sociétés créées, tandis que le résultat de la période
décennale écoulée depuis le décret du 25 mars 1852 montre pour la
France un accroissement vraiment extraordinaire. Le nombre des
sociétés françaises est aujourd'hui de 4,410, c'est-à-dire le double de
ce qu'il était en 1852.

Un pareil résultat est bien fait sans doute pour montrer l'efficacité
des mesures adoptées depuis 10 ans, et de l'incessante sollicitude du
gouvernement pour l'extension des sociétés de secours mutuels. Le

mouvement de progression qui ne s'est pas arrêté depuis 1852 assure dès aujourd'hui l'avenir de ces utiles institutions. Il serait, sans doute, téméraire de prétendre que la mutualité arrivera en France aux mêmes résultats numériques qu'en Angleterre, mais l'infériorité du nombre de nos associations mutuelles est un fait naturel et facile à expliquer.

Il faut signaler d'abord cet esprit d'entreprise, cette puissance de l'initiative individuelle, qui sont l'un des traits les plus frappants du caractère anglais. En France, au contraire, il faut bien le dire, les meilleures institutions ont peine à se développer d'elles-mêmes et en dehors de l'action du pouvoir. C'est là un fait regrettable, sans doute, mais qui n'en est pas moins réel.

Et pourtant, malgré la différence que nous signalons entre l'esprit des deux peuples, nous voyons le parlement d'Angleterre intervenir dès 1793, et voter depuis lors plus de vingt actes sur les sociétés de secours mutuels. C'était là d'abord un appui moral considérable, auquel la plupart des actes que nous venons de citer ajoutaient un appui matériel ; l'État ne donnait pas, il est vrai, de subvention directe aux associations, mais la loi leur accordait de nombreuses facilités, et forçait les banques d'Angleterre à payer pour les sommes déposées un intérêt bien supérieur au taux ordinaire. Enfin, l'administration aidait les sociétés de ses conseils, et faisait surveiller la gestion de leurs finances.

En France, au contraire, les sociétés sont, pendant toute la première moitié du xixᵉ siècle, abandonnées à leurs propres forces, sans que l'État intervienne pour les aider ou les protéger. C'est depuis dix ans seulement que la législation est venue à leur aide, et nous avons constaté les heureux effets produits par le décret de 1852.

Un autre fait, non moins frappant, est la profonde différence qui existe entre les deux pays quant à la répartition de la population. En Angleterre, les grandes agglomérations sont la règle ; en France, elles sont l'exception ; la population y est beaucoup plus disséminée, et par conséquent les sociétés y sont plus difficiles à constituer. L'influence de ce fait n'est pas douteuse quand on remarque le grand nombre de sociétés formées par les habitants industriels de notre pays, et le petit nombre de celles qui se forment parmi les populations agricoles.

Enfin le nombre des ouvriers industriels est beaucoup moins considérable en France qu'en Angleterre. Il y a là, pour la mutualité française, des causes permanentes d'infériorité.

Mais si nous cessons de considérer la situation numérique pour examiner la situation morale, il nous est facile de voir combien les sociétés françaises sont supérieures aux associations d'Angleterre.

C'est ce que constatait si justement le rapport de la commission supérieure d'encouragement et de surveillance des sociétés de secours mutuels de France, pour l'année 1856 :

« Dans des pays voisins, les sociétés d'amis ne s'adressent qu'à
« l'intérêt individuel et n'offrent à leurs membres qu'une sorte d'o-
« pération tontinière, où chacun ne voit que la proportion entre le
« risque et le gain, la cotisation et l'indemnité promise en cas de
« maladie. Chez nous, le bien passe avant le profit ; les intérêts mo-
« raux dominent les intérêts financiers. On ne saurait dire à combien
« d'actes de dévouement, à combien de bonnes actions la mutualité
« a donné naissance. Presque partout, l'association, en procurant à
« la famille les meilleures traditions et les meilleurs exemples, s'oc-
« cupe autant de la moralité que du bien-être de ses membres. Un
« lien d'affection et de solidarité s'établit entre les associés ; la ré-
« putation de chacun devient l'honneur de tous, et la société, en
« donnant à chaque membre la sécurité contre la maladie et la misère,
« lui impose une responsabilité qui le défend à la fois contre le vice
« et l'imprévoyance. »

Mais, en dehors même de cette observation, il ne faut pas se dissimuler que les sociétés anglaises dévient souvent de leur but : les unes formant des clubs de boissons font payer à chaque membre une somme de 20 centimes, par mois, pour la bière consommée ; et le plus souvent, la consommation des spiritueux atteint des proportions considérables ; c'est ainsi que la société de *Soberton* (dans le comté de Southampton), qui compte 120 membres, consomme 258 gallons de bière, ce qui lui a coûté, en trois ans, une somme de 965 francs. Souvent même, il arrive que les rafraîchissements ne suffisent plus, il faut un banquet et une fête pour célébrer les grandeurs de la mutualité. Dans certaines sociétés, où la cotisation annuelle est de 18 francs, chaque membre dépense 10 francs en dîners et en boissons ; autre part, l'ale, le tabac et le fromage coûtent 12 fr. 50 c. à chaque sociétaire ; ici, la société contribue pour 75 francs à la dépense des liqueurs et pour une somme égale aux frais des dîners ; ici, on veut avoir de la musique et, de ce chef, chacun est forcé de verser 20 centimes. Les forestiers vont plus loin : ils célèbrent chaque année une fête où les membres paraissent vêtus d'un costume particulier ; l'écharpe, la corne et le ruban coûtent 10 francs, le dîner et la musique 5 francs, et les menus frais 3 fr. 10 c. ; total, 18 fr. 10 c. par tête. Les membres qui refusent de se procurer ces coûteuses jouissances sont punis d'une amende de 3 francs ; dans quelques sociétés, ils sont rayés de la liste des sociétaires. Témoin de plusieurs fêtes de ce genre, nous avons pu constater de nos propres yeux que ces divertissements, auxquels prennent part les hommes, les femmes et même les enfants, sont loin de se faire remarquer par la décence et la moralité. Autre part enfin, chaque assemblée générale a pour but principal la boisson, et tout membre doit, pour avoir le droit d'entrer, prendre, à la porte, un billet de consommation.

Un grand nombre de sociétés, n'ayant pas de local pour tenir leurs séances, se réunissent dans des cabarets (*public houses*) ; le maître de la maison est, en même temps, le trésorier de l'association, et les statuts ordonnent qu'une certaine somme devra être annuellement dépensée chez lui, en achat de liqueurs diverses.

Pour ne citer qu'un exemple des funestes résultats de cette organisation, il suffira de dire que, depuis 1793, il a existé dans le Herefordshire 136 sociétés. Sur 123 d'entre elles qui tenaient leurs séances chez des marchands de vin, 42 sont aujourd'hui dissoutes ; 13 sociétés, ayant choisi un autre lieu de réunion, existent encore aujourd'hui, à l'exception d'une seule.

Un pareil abus ne saurait exister en France, où les communes sont tenues de fournir aux sociétés les locaux nécessaires à leurs réunions.

Une autre cause de ruine pour les sociétés est leur mauvaise administration financière. La *Royal liver friendly society* de Liverpool a vu ses recettes s'élever, du 1er janvier au 1er juin 1861, à la somme de 27,239 livres sterling (680,975 francs), sur lesquelles 10,481 livres (262,025 francs) ont été payées aux membres, et 16,758 livres (418,950 francs) dépensées pour l'administration, ou placées. Ce dernier chiffre se décompose ainsi qu'il suit : Placements, 2,570 livres (64,250 francs) ; frais d'administration, 14,188 livres

(353,700 francs), dont 8,116 (202,900 francs) pour les frais d'administration intérieure, et 6,074 (151,850 francs) pour les frais de perception, c'est-à-dire que l'on a dépensé 13,058 livres (326,450 fr.) pour les objets qui sont le but de la fondation de la société, et 14,188 livres (353,700 francs) pour des dépenses accessoires.

Si nous examinons le budget de la *Friend inneed life assurance and sick fund friendly society* de Londres, nous trouvons que les recettes de l'année 1861 s'élèvent à 32,170 livres sterling (804,250 francs), et les dépenses d'administration à 8,529 livres (213,225 francs), c'est-à-dire à plus de 25 0/0.

Enfin, la *Royal Victoria friendly society* a reçu, du 1er juillet au 31 décembre 1861, 4,173 livres sterling (104,325 francs) ; elle a payé aux sociétaires 1,801 livres (45,025 francs) et a dépensé en placements et frais d'administration 2,912 livres (78,000 francs), dont 2,335 livres (58,375 francs) pour les frais d'administration. La perception seule a coûté 1,711 livres (42,775 francs), ou 36 0/0 des revenus de la société.

Ces exemples ne sont pas rares, et nous pourrions en donner un grand nombre d'autres.

Dans un ouvrage récemment publié sous le titre de *Popular investments*, le révérend J. Owen rend compte d'une étude qu'il a faite sur la situation de 110 sociétés. Ce passage, cité par l'archiviste dans son rapport officiel pour l'année 1861, établit que sur ces 110 sociétés, 1 seulement se trouve dans de bonnes conditions et n'a pas de chance d'être dissoute. Parmi les autres, il en est 86 qui dépensent en boissons une somme de 981 livres sterling (24,525 francs), et les frais d'administration atteignent le chiffre de 2,500 livres (62,500 francs) ; 5 d'entre elles tiennent leurs séances dans un cabaret dont le propriétaire remplit les fonctions de trésorier et a déjà ruiné plusieurs associations. L'auteur cite une seule paroisse où 40 sociétés ont été dissoutes dans une période de 30 ans.

La fréquence de ces dissolutions est telle, en effet, que pour le seul ordre des *odd fellows*, 225 loges ont été fermées en 1843, 84 en 1847, et 138 en 1848.

Quoi qu'il en soit, il serait injuste de méconnaître la grandeur des résultats obtenus en Angleterre par la mutualité, et la situation exceptionnelle des associations de ce pays. Les vices que nous avons signalés tendent à disparaître, et se reproduisent rarement dans les sociétés fondées depuis l'acte de 1855. D'une part, en effet, l'archiviste se refuse, depuis cette époque, à accorder le certificat à toute société dont les statuts contiennent les dispositions que nous avons signalées au sujet des droits de boisson ; de l'autre aussi, la presse s'est élevée vigoureusement contre ces scandales, ainsi que contre les rixes et les désordres qui accompagnaient les fêtes et les assemblées des associations. Enfin, loin de chercher à cacher la plaie qui menace dans leur existence tant de sociétés, l'archiviste dévoile courageusement toutes ces vérités et ne cesse de signaler les abus dans les rapports qu'il adresse annuellement au parlement.

Si d'ailleurs nous voyons d'un côté la ruine et le désordre détruire certaines associations, si bien qu'il y avait l'an dernier 1,200 sociétaires réduits à se réfugier dans les maisons des pauvres, nous trouvons, d'autre part, certaines sociétés arrivées par l'ordre et l'économie à de merveilleux résultats.

La mutualité s'est d'ailleurs étendue et se répand chaque jour sous de nouvelles formes ; c'est ainsi qu'à côté des *sociétés amicales*, nous trouvons des sociétés industrielles, dont 427 sont aujourd'hui enregistrées. Ces associations, établies depuis 1843, existent surtout dans le Yorkshire et le Lancashire, où l'on en compte 235 ; l'une des plus anciennes, celle de Rochdale, qui comptait 28 membres et possédait 700 francs en 1844, avait, en 1847, 1,850 membres et un capital de 378,550 fr.

D'autres sociétés se forment pour fournir à leurs membres des aliments à bon marché ; nous citerons notamment la *Cooperative flour-mill* fondée à Leeds en 1847, qui avait en caisse, à la fin de la première année, 48,150 francs, et possédait dix ans plus tard, en 1857, 221,500 francs, tout en ayant procuré à ses membres de précieux avantages.

Les sociétés de prêts (*loan societies*) se développent avec non moins de rapidité. Leur nombre était de 230 en 1859, et de 543 en 1861. Dans cette dernière année, elles ont prêté, à 144,958 emprunteurs, une somme totale de 9,841,750 francs.

Les employés de chemins de fer ont commencé depuis quelques années à former entre eux des sociétés, dont le nombre s'élève aujourd'hui à 22 environ. Nous citerons, parmi les plus considérables, celles du chemin de fer de Londres et Nord-Ouest, qui compte 1,124 membres, et du grand chemin de fer Oriental, composée de 2,632 sociétaires. Presque partout, les compagnies viennent en aide à la caisse de la société ; quelques-unes donnent, suivant leur importance et le nombre de leurs employés, 12,500 francs, 3,750 francs, 1,250 francs; la Compagnie du chemin de fer de Londres et Sud-Ouest souscrit pour 30 centimes par semaine et par sociétaire.

Nous citerons enfin les sociétés funéraires (*burial societies*) dont le nombre n'est connu que très-approximativement. Lors de la dernière enquête, en 1858, 112 de ces associations ont fourni les renseignements qui leur étaient demandés. Elles comptaient à cette époque 178,868 membres participants, et seulement 33 membres honoraires, ce qui donne une moyenne de 1,600 sociétaires par chaque association, moyenne beaucoup plus considérable que celle des autres sociétés : la seule *Philantropic burial society*, fondée à Blackburne, dans le Lancashire, compte 65,000 membres. Leur avoir total s'élevait à 59,167 livres sterling (1,479,175 francs), soit 445 livres (11,125 francs) par société, ou 7 fr. 50 c. par membre. La proportion de la mortalité parmi les sociétaires est de 2,698 0/0.

Mais à côté des associations que nous mentionnons, il en est d'autres dont l'esprit est tout différent, et dont l'organisation revêt tous les caractères d'une coalition organisée à l'état permanent. Il est vrai que la loi anglaise ne punit pas les coalitions, et n'intervient pas dans les conflits qui s'élèvent entre le maître et l'ouvrier, mais il n'en est pas moins regrettable de voir les sociétés de secours mutuels s'écarter aussi complétement du but essentiel de leur fondation.

La société dite : *United broad silk weavers society*, à Macclesfield, offre un exemple du fait que nous signalons. Les statuts portent que les tisserands de chaque atelier, travaillant soit au dehors, soit dans la manufacture, nommeront un comité de 5 membres au moins, chargé de fixer le prix de tous les travaux, conformément aux règles de la société, et dans les limites du maximum et du minimum établi. Tout contrevenant est soumis au jugement du comité, et, au besoin, de l'assemblée générale de la société. Tout ouvrier tisserand qui entre dans l'une des manufactures est invité à faire partie de l'association ; s'il refuse, le comité avise.

Les statuts de la société *of operative Millstone builders* forcent tout ouvrier employé par les constructeurs en pierre de taille à entrer dans l'association, avant de pouvoir se livrer à l'un des travaux de sa profession. Si le patron emploie un ouvrier qui n'est pas sociétaire, tous les autres se mettent en grève. Les statuts disposent, en outre, qu'il ne peut y avoir dans un atelier plus de deux apprentis par 12 ouvriers employés.

Les *brickmakers* de Manchester, Salford et des environs, déclarent que leur société est formée contre la réduction des salaires, et pour empêcher toute infraction aux règlements de leur association. Ils défendent de fabriquer des briques dépassant certaines dimensions, et leur comité fait procéder chaque année au mesurage de tous les moules employés dans les ateliers, pour s'assurer que les règlements sont strictement observés.

Si le patron viole les droits d'un membre de la société, s'il veut le forcer à enfreindre les règles, ou enfin, s'il le renvoie par malice, et sans une raison jugée suffisante par les ouvriers qui travaillent dans le même atelier, ces derniers ne permettent à personne de prendre la place de leur camarade, à moins toutefois que ce dernier ne déclare qu'il préfère changer d'atelier. En outre, la victime reçoit des secours de la société, tant que sa cause paraît juste.

Les statuts limitent rigoureusement la quantité de travail que l'ouvrier a le droit de faire en un jour, et toute infraction est punie d'une amende. Toute contestation entre le maître et l'ouvrier est jugée par le comité de district.

Enfin l'emploi des femmes est formellement interdit, et le taux du salaire est fixé ; tout ouvrier qui reçoit un prix autre que celui du tarif est mis à l'amende.

Les exemples que nous venons de donner suffisent pour montrer l'esprit de certaines associations. Nous devons seulement ajouter que les sociétés sont nombreuses qui assurent à leurs membres des secours pécuniaires en cas de grève ; dernièrement encore, à l'audience de la cour des shériffs de Londres du 4 novembre 1859, un membre de la société des charpentiers et des menuisiers réclamait contre l'exclusion prononcée contre lui, parce qu'il avait refusé de payer la cotisation nécessaire pour subvenir au soutien de ses confrères en grève ; et, en 1860, des débats à peu près identiques se sont produits à propos de la société des travailleurs de Barbican.

Il nous reste à examiner maintenant la question des cotisations et des indemnités.

En ce qui concerne le taux des cotisations, on répartit généralement les hommes en quatre classes suivant la nature de leurs occupations.

La 1re classe contient les hommes qui ne font partie d'aucune des quatre autres catégories.

La 2me comprend les professions rentrant dans les travaux légers (*light labour*) (1).

La 3me se compose des ouvriers occupés à un travail fatigant (*heavy labour*) (2).

Enfin, la 4me se subdivise elle-même en quatre sous-classes : 1° les marins ; 2° les peintres ; 3° les employés de chemins de fer, et 4° les ouvriers des mines.

La table suivante montre la cotisation mensuelle à payer par les sociétaires compris dans chacune de ces quatre catégories, pour avoir droit, *jusqu'à l'âge de 65 ans,* à une indemnité de 12 fr. 50 c par semaine, pendant leurs maladies.

AGE.	CLASSE 1.	CLASSE 2.	CLASSE 3.	CLASSE 4.				AGE.
				A. Marins.	B. Peintres.	C. Employés de chemins de fer.	D. Ouvriers des mines.	
	fr.	fr.	fr.	fr.	fr.	fr.	fr.	
15	1.18	1.05	1.35				1.80	15
16	1.25	1.05	1.35				1.83	16
17	1.25	1.08	1.38	1.30	1.32		1.85	17

(1) Ces professions sont les suivantes : artistes, boulangers, barbiers, blanchisseurs, libraires, fabricants de brosses, bouchers, fabricants de boutons, gardiens de bestiaux, calfats, ouvriers pharmaciens, employés, fabricants d'étoffes, tailleurs, fabricants de couleurs, douaniers, graveurs, cochers, cuisiniers, imprimeurs, fabricants de bouchons, fermiers, facteurs, ouvriers des filatures, chefs d'atelier, jardiniers, bijoutiers, chapeliers, quincailliers, lapidaires, corroyeurs, fabricants d'instruments de musique, opticiens, marchands ambulants, fabricants de papier, plâtriers, potiers, cordiers, domestiques, boutiquiers, commis de magasins, ouvriers en soie, fabricants de savons, chandelles et bougies, garçons d'écurie, couvreurs, fabricants de tabacs, bimbelotiers, tisserands.

(2) Sont compris dans cette catégorie : les laboureurs, ouvriers distilleurs, fabricants de briques, maçons, charretiers, ouvriers des houillères, tonneliers, fabricants de glaces, meuniers, plombiers, serruriers, scieurs de long, constructeurs de vaisseaux, forgerons, raffineurs de sucre, bateliers.

AGE.	CLASSE 1.	CLASSE 2.	CLASSE 3.	CLASSE 4.				AGE.
				A. Marins.	B. Peintres.	C. Employés des chemins de fer.	D. Ouvriers des mines.	
	fr.	fr.	fr.	fr.	fr.	fr.	fr.	
18	1.28	1.08	1.38	1.32	1.48		1.85	18
19	1.28	1.12	1.40	1.36	1.50		1.88	19
20	1.30	1.12	1.43	1.38	1.53		1.90	20
21	1.30	1.12	1.43	1.40	1.55	1.58	1.93	21
22	1.33	1.15	1.45	1.45	1.58	1.58	1.95	22
23	1.35	1.15	1.48	1.48	1.60	1.60	1.98	23
24	1.35	1.20	1.48	1.53	1.63	1.63	2.03	24
25	1.38	1.20	1.50	1.55	1.65	1.63	2.05	25
26	1.38	1.22	1.53	1.60	1.68	1.65	2.10	26
27	1.40	1.25	1.55	1.63	1.73	1.68	2.13	27
28	1.43	1.25	1.58	1.68	1.78	1.68	2.18	28
29	1.45	1.28	1.60	1.70	1.83	1.68	2.20	29
30	1.48	1.30	1.63	1.75	1.85	1.70	2.25	30
31	1.50	1.33	1.65	1.80	1.90	1.70	2.28	31
32	1.53	1.35	1.65	1.83	1.95	1.73	2.37	32
33	1.55	1.38	1.70	1.88	2.00	1.75	2.47	33
34	1.58	1.40	1.75	1.93	2.13	1.78	2.50	34
35	1.60	1.43	1.78	1.95	2.18	1.80	2.53	35
36	1.65	1.45	1.80	2.00	2.20	1.83	2.60	36
37	1.68	1.50	1.85	2.05	2.28	1.88	2.65	37
38	1.70	1.53	1.88	2.10	2.38	1.93	2.70	38
39	1.75	1.55	1.93	2.15	2.47	1.95	2.78	39
40	1.78	1.58	1.98	2.23	2.55	2.00	2.85	40
41	1.83	1.63	2.00	2.30	2.65	2.03	2.93	41
42	1.85	1.65	2.05	2.38	2.73	2.05	3.00	42
43	1.90	1.70	2.10	2.47	2.80	2.05	3.08	43
44	1.95	1.75	2.15	2.55	2.88	2.05	3.13	44
45	2.00	1.78	2.20	2.60	2.95	2.05	3.23	45
46	2.05	1.83	2.25	2.68	3.00	2.05	3.28	46
47	2.10	1.88	2.30	2.75	3.08	2.08	3.35	47
48	2.15	1.93	2.38	2.83	3.13	2.13	3.40	48
49	2.20	2.00	2.45	2.90	3.20	2.13	3.45	49
50	2.25	2.05	2.53	3.00	3.28	2.15	3.50	50
51	2.30	2.10	2.60	3.10	3.35	2.15	3.55	51
52	2.43	2.13	2.65	3.20	3.45	1.13	3.65	52
53	2.48	2.18	2.73	3.33	3.53	2.08	3.70	53
54	2.55	2.23	2.80	3.45	3.60	2.08	3.78	54
55	2.60	2.28	2.90	3.53	3.65	2.08	3.85	55

Les tables précédentes sont très-généralement adoptées par les sociétés anglaises ; il existe toutefois de nombreuses associations qui suivent un autre système, celui, par exemple, d'une cotisation fixe. Dans ce dernier cas, l'expérience semble avoir démontré, en Angleterre aussi bien qu'en France, la vérité du principe que la cotisation mensuelle doit être égale à l'indemnité journalière donnée en cas de maladie.

Les contributions sont souvent un peu plus élevées pour les femmes, qui sont généralement plus malades que les hommes, ce que l'on attribue moins à une situation normale qu'à la plus grande difficulté de constater leur état réel, et à la facilité particulière qu'elles ont de simuler des maladies.

D'après de récents calculs, la moyenne des jours de maladie, pour un sociétaire qui fait partie d'une association depuis l'âge de 18 ans jusqu'à celui de 50, c'est-à-dire pendant 32 ans, est de 260 jours, soit pour chaque année 8 jours et 3/8.

Les frais médicaux ne sont pas compris dans le tarif de cotisations que nous avons cité ; ils sont généralement l'objet d'une cotisation supplémentaire. Ils reviennent, à chaque société, qui s'abonne avec les médecins et pharmaciens, de 3 fr. 10 c. à 5 fr. 40 c. par an et par sociétaire, le chiffre variant suivant les localités.

D'après la jurisprudence généralement adoptée, les sociétés n'ont pas d'action pour réclamer en justice le montant des cotisations arriérées ; aussi arrive-t-il souvent que l'on force les membres à faire leurs versements un an d'avance, et que le défaut de payement est considéré comme une cause d'exclusion.

Le droit d'entrée est généralement égal à la moitié de la cotisation annuelle ; parfois même il est plus élevé. Un grand nombre de sociétés le perçoivent sous une autre forme, en n'accordant le bénéfice des secours qu'après six mois, ou plus, de sociétariat.

Les grandes unions qui ont des loges sur plusieurs points du territoire britannique offrent à leurs membres le précieux avantage de conserver leurs droits lorsqu'ils changent de résidence ; c'est la réalisation d'un vœu souvent émis, et qui n'a pas encore pu être mis en pratique en France ; mais nous devons dire qu'en Angleterre même c'est encore une assez rare exception.

Aux termes des statuts les plus généralement adoptés, les sociétaires cessent d'avoir droit aux secours à partir de l'âge de 60 ou de

65 ans, quelquefois même seulement à partir de 70 ans ; ils doivent donc aviser aux moyens d'assurer leur existence à partir de ce moment. C'est ici que se fait remarquer l'infériorité de la mutualité anglaise, et que le système français des pensions de retraite constitue une véritable supériorité. L'archiviste des sociétés anglaises dit lui-même, dans son rapport de 1857 : « Il est à craindre que la question « des pensions de retraite pour les vieillards n'ait pas été résolue « d'une façon satisfaisante par les sociétés de secours mutuels de « ce pays. »

Deux systèmes se trouvent en présence pour les pensions de retraite : dans l'un, c'est la société elle-même qui assure à ses membres une certaine somme à partir du moment où cesse l'indemnité ; dans l'autre, les sociétaires achètent des annuités du gouvernement.

Nous indiquons dans le tableau suivant le chiffre généralement fixé de la cotisation mensuelle que les sociétaires doivent payer jusqu'à 65 ans pour avoir droit à une pension viagère de 6 fr. 25 c. par semaine, à partir de cet âge, et à une somme de 250 francs au moment de leur mort.

AGE.	DROIT à UNE PENSION viagère de 6 fr. 25 c. par semaine.	DROIT à UNE SOMME de 250 francs à la mort.	AGE.	DROIT à UNE PENSION viagère de 6 fr. 25 c. par semaine.	DROIT à UNE SOMME de 250 francs à la mort.
	fr.	fr.		fr.	fr.
15	1.00	0.30	36	3.20	0.58
16	1.05	0.33	37	3.30	0.62
17	1.10	0.33	38	3.68	0.62
18	1.18	0.33	39	3.88	0.65
19	1.25	0.35	40	4.20	0.68
20	1.33	0.35	41	4.50	0.70
21	1.38	0.35	42	4.78	0.72
22	1.45	0.38	43	5.25	0.75
23	1.53	0.38	44	5.63	0.78
24	1.60	0.40	45	6.08	0.80
25	1.68	0.40	46	6.60	0.85
26	1.78	0.43	47	7.15	0.90
27	1.88	0.43	48	7.85	0.95
28	1.98	0.45	49	8.55	1.00
29	2.10	0.45	50	9.43	1.08
30	2.20	0.48	51	10.43	1.15
31	2.33	0.48	52	11.58	1.28
32	2.53	0.50	53	12.92	1.38
33	2.68	0.53	54	14.45	1.48
34	2.83	0.53	55	16.50	1.58
35	3.00	0.55			

Les annuités du gouvernement coûtent plus cher que celles assurées par les sociétés de secours mutuels ; c'est ainsi, par exemple, que l'assurance d'une rente viagère de 10 francs par semaine, à partir de 65 ans, et d'une somme de 125 francs payable à la mort coûtera, dans ces deux cas, les prix suivants :

AGE.	GOUVERNEMENT.	SOCIÉTÉS.	DIFFÉRENCES.
	fr.	fr.	fr.
15 ans.	35.40	21.85	13.55
20 ans.	43.75	33.40	10.35
25 ans.	64.15	35.00	39.15
30 ans.	68.75	46.00	22.75

La différence est, on le voit, assez considérable, mais il faut noter qu'en dehors même de la sécurité que présente la garantie du gouvernement, les sociétaires sont exposés à perdre leurs droits de membre de la société par suite du défaut de payement de leur cotisation, de leur exclusion, de la dissolution de la société, ou pour tout autre motif. Le gouvernement offre d'ailleurs de plus grands avantages, puisqu'en dehors des annuités immédiates, il offre aussi des annuités déférentes.

Outre les rentes viagères et les sommes payables au décès, plusieurs sociétés permettent aux membres de s'assurer le payement d'une somme fixe, soit pour doter leurs enfants, soit pour tout autre usage.

La table suivante montre les sommes à payer mensuellement, pendant un temps qui varie entre 5 et 20 ans, pour avoir droit à une somme de 250 francs ou 500 francs. On peut s'assurer ainsi une somme quelconque au-dessous de 2,500 francs.

Sommes à payer pour avoir droit à	SOMMES A PAYER PENDANT															
	5 ans.	6 ans.	7 ans.	8 ans.	9 ans.	10 ans.	11 ans.	12 ans.	13 ans.	14 ans.	15 ans.	16 ans.	17 ans.	18 ans.	19 ans.	20 ans.
	fr. c.	fr. c.	fr. c.	fr. c.	fr. c.	fr. c.	fr. c.	fr. c.	fr. c.	fr. c.	fr. c.	fr. c.	fr. c.	fr. c.	fr. c.	fr. c.
250 fr..	3.95	3.28	2.81	2.40	2.08	1.87	1.62	1.45	1.35	1.25	1.14	1.04	0.98	0.93	0.83	0.78
500 fr..	7.87	6.47	5.47	4.68	4.10	3.64	3.28	2.96	2.71	2.50	2.23	2.08	1.92	1.82	1.62	1.56

Nous avons vu que la loi laisse une assez grande latitude aux sociétés pour le placement de leurs capitaux. La plupart d'entre elles déposent leurs fonds disponibles, soit aux caisses d'épargne (*savings banks*), soit entre les mains des commissaires pour la réduction de la dette nationale.

En 1858, l'archiviste ayant adressé une circulaire à toutes les sociétés pour connaître leur situation financière, 4,579 seulement ont répondu à son appel. Le capital moyen de chaque société s'élevait à 11,250 francs, le nombre moyen des membres honoraires était de 1 1/2, et celui de membres participants de 100 ; la réserve moyenne était donc de 112 fr. 50 c. par membre.

Durant cette même année, les sociétés de toute l'Angleterre avaient payé 25 millions de francs pour indemnités de maladie, et possédaient un capital de 225 millions de francs, sur lesquels 9,699 sociétés avaient placé 84,413,350 francs, savoir : 35,788,575 francs versés aux caises d'épargne, et 48,624,775 francs remis aux commissaires pour la réduction de la dette nationale.

A la fin de 1861, 12,635 sociétés avaient en dépôt aux caisses d'épargne une somme de 49,142,750 francs, et entre les mains des commissaires pour la réduction de la dette nationale, une somme de 50,468,750 francs.

Si nous jetons en terminant un regard sur l'avenir de la mutualité anglaise, tout nous porte à croire que le nombre des sociétés actuellement existantes ne sera guère augmenté ; les associations nouvelles qui pourront se former ne dépasseront probablemeut pas en nombre celles qui sont dissoutes chaque année.

Ces dissolutions sont particulièrement fréquentes pour les sociétés encore nouvelles. Il semble résulter, en effet, de calculs sérieux qu'aucune société ne peut être sûre de son avenir avant 30 ans d'existence. En prenant les registres bien tenus d'une association fondée depuis 1793, et en calculant l'âge moyen de ses membres, on trouve que pendant les 32 premières années, les charges de la société vont en augmentant ; au bout de cette période l'âge moyen ne varie presque plus, et la société a passé la période critique. Voici les résultats de ce calcul.

ANNÉES.	NOMBRE des MEMBRES.	AGE MOYEN des MEMBRES.	ANNÉES.	NOMBRE des MEMBRES.	AGE MOYEN des MEMBRES.
1793	28	31	1824	63	47
1794	47	31	1825	63	47
1795	47	33	1826	60	48
1796	49	33	1827	59	47
1797	46	34	1828	61	47
1798	46	33	1829	62	47
1799	48	35	1830	66	46
1800	52	36	1831	64	46
1801	57	36	1832	62	46
1802	66	35	1833	64	46
1803	68	36	1834	62	46
1804	65	38	1835	58	47
1805	64	38	1836	64	46
1806	69	39	1837	65	46
1807	74	39	1838	62	47
1808	71	40	1839	60	47
1809	64	41	1840	61	47
1810	66	41	1841	61	47
1811	62	41	1842	61	47
1812	64	42	1843	61	46
1813	65	43	1844	62	46
1814	71	43	1845	63	46
1815	78	42	1846	61	46
1816	77	43	1847	63	46
1817	77	43	1848	62	47
1818	67	44	1849	59	47
1819	63	45	1850	57	48
1820	60	46	1851	59	47
1821	60	46	1852	55	47
1822	61	46	1853	52	48
1823	60	47	1854	54	48

Il est difficile de connaître l'époque de la fondation des sociétés anglaises, car, lors de la dernière enquête sur ce sujet, il en est seulement 3,073 qui ont fourni, sur leur origine, les renseignements demandés. Sur ces 3,073 sociétés :

485	existaient	depuis	moins	de	10 ans
1,187	—	depuis	plus	de	10 ans
721	—		—	20	—
301	—		—	30	—
129	—		—	40	—
100	—		—	50	—
46	—		—	60	—
41	—		—	70	—
20	—		—	80	—
23	—		—	90	—
20	—		—	100	—

Ainsi donc 680 sociétés ont franchi la limite que nous signalions, et 2,393 existent depuis moins de 32 ans, c'est-à-dire n'ont pas encore atteint la période après laquelle les charges devenant à peu près constantes, les sociétés se trouvent dans les conditions les plus favorables.

Telle est la situation de la mutualité en Angleterre. Nous en avons montré la prospérité en même temps que nous avons signalé les vices qui peuvent la ruiner ou l'affaiblir.

Les circonstances présentes, la crise terrible qui a frappé les districts manufacturiers, soumettent en ce moment les sociétés à une rude épreuve : beaucoup succomberont peut-être ; mais l'institution elle-même n'a rien à redouter ; ses racines sont trop profondes, et les classes laborieuses connaissent trop bien ses précieux avantages pour l'abandonner jamais ou la laisser périr.

Nous avons indiqué la supériorité numérique des sociétés anglaises sur celles de notre pays, mais nous avons vu que cette supériorité tend à disparaître chaque jour, autant que le permettent les différences qui existent dans la répartition de la population des deux côtés du détroit. Nous avons vu aussi que le nombre bien supérieur des membres honoraires, nombre qui est presque nul en Angleterre, la meilleure administration financière, la tutelle bienfaisante et contenue dans une juste mesure de l'administration française, les secours sagement distribués par le gouvernement, placent les associations de France dans les conditions les plus favorables. Mais, il ne faut pas l'oublier, leur supériorité réelle est dans leur caractère de moralité, dans les bons sentiments qu'elles inspirent aux riches comme aux pauvres, dans les rapprochements qu'elles opèrent entre les classes de la société, en stimulant également la probité dans le travail et la charité dans l'opulence.

Paris, imprimerie de Paul Dupont, rue de Grenelle-Saint-Honoré 45.

PARIS. IMP. PAUL DUPONT, RUE DE GRENELLE-SAINT-HONORÉ, 45.